AF318920

LECTURES

POUR LES ENFANS,

OU

CHOIX

DE PETITS CONTES,

ÉGALEMENT propres à les amuser, & à leur inspirer le goût de la Vertu.

QUATRIEME EDITION.
PREMIERE PARTIE.

Chaque Partie se vend séparément 1 livre 4 sols.

A PARIS,

Au Bureau de l'Ami des Enfans, rue de l'Université, n°. 28.

S'adresser à M. LE PRINCE, Directeur.

1785.

Avec Approbation & Privilége du Roi.

TABLE

Des Matieres de cette premiere Partie.

Toutes les grandeurs de ce monde ne valent par un bon ami, *par Voltaire.*
Page 1

Le moyen de couler une vie toujours heureuse, *par MM. de Kleist & Geßner.* 13

Les soins prévenans des enfans pour leurs peres, *par M. Geßner.* 20

L'enfant bien corrigé, *par M. l'Abbé le Monnier.* 24

Le besoin d'aimer & d'être aimé, *par M. de Saint-Lambert.* 34

Les crimes punis l'un par l'autre, *par le même.* 40

Alibée, *par Fenelon.* 42

L'homme bienfaisant, même après sa mort, *par M. Geßner.* 56

L'Hospitalité, *par la Fontaine.* 64

La probité récompensée, *par un Anonyme.* 73

Le bon Fils, *par un Anonyme.* 93

Les malheurs de la guerre & les avantages de la paix, *par M. Berquin.* 99

Histoire d'un Peuple malheureux par le crime, & heureux par la vertu, *par Montesquieu.* 105

Heureux le pere d'un si bon fils, *par M. Geßner.* 126

La Saignée, *par M. Garnier.* 130

Le petit Berger bienfaisant, *par M. Berquin.* 160

La mauvaise Mere & le bon Fils, *par M. Marmontel.* 167

Le courage de l'amitié, *par M. d'Arnaud.* 190

La tendresse filiale, *par M. Berquin.* 195

Fin de la Table.

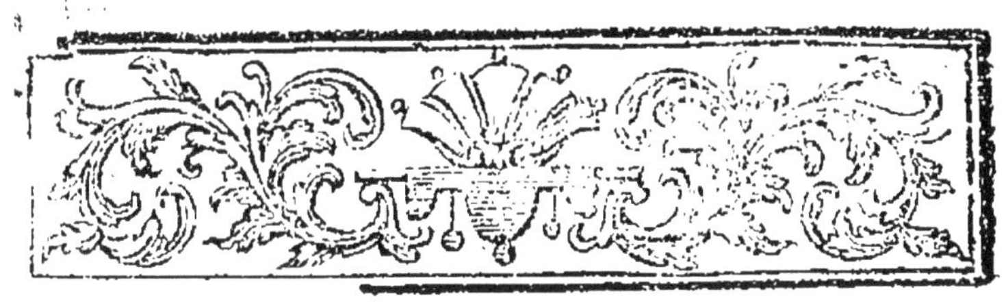

LECTURES
POUR
LES ENFANS.
PREMIÈRE PARTIE.

Toutes les grandeurs de ce monde ne valent pas un bon ami.

JEANNOT & COLIN apprenoient à lire chez le Magister du même Village. *Jeannot* étoit fils d'un marchand de mulets, & *Colin* devoit le jour à un brave Laboureur. Ces deux jeunes enfans s'aimoient beau-

A

coup, & ils avoient enfemble les petites familiarités dont on fe ref-fouvient toujours avec agrément, quand on fe rencontre enfuite dans le monde.

Le tems de leurs études étoit fur le point de finir, quand un tail-leur apporta à *Jeannot* un habit de velours à trois couleurs, avec une vefte de Lyon, de fort bon goût : le tout étoit accompagné d'une lettre à Monfieur de *la Jean-notière*. *Colin* admira l'habit, & ne fut point jaloux ; mais *Jeannot* prit un air de fupériorité qui affligea *Colin*. Dès ce moment, *Jeannot* n'étudia plus, fe regarda au miroir, & méprifa tout le monde. Quel-que tems après, un Valet-de-chambre arrive en pofte, & ap-

porte une seconde lettre à Monsieur
le Marquis de *la Jeannotière*. C'étoit
un ordre de Monsieur son Pere de
faire venir Monsieur son fils à Paris.
Jeannot monta en chaise, en ten-
dant la main à *Colin*, avec un sourire de protection assez noble. *Colin*
sentit son néant & pleura. *Jeannot*
partit dans toute la pompe de sa
gloire.

Il faut savoir que Monsieur *Jean-*
not le Pere, à force d'intrigues, avoit
acquis assez rapidement des biens
immenses dans les entreprises. Bientôt on ne l'appella que Monsieur de
la Jeannotière. Il y avoit même déjà
six mois qu'il avoit acheté un Mar-
quisat, lorsqu'il retira de l'école
Monsieur le Marquis son Fils, pour
le mettre à Paris dans le beau monde.

Colin, toujours tendre, écrivit une lettre de complimens à fon ancien camarade. Le petit Marquis ne lui fit point de réponfe. *Colin* en fut malade de douleur.

Monfieur de *la Jeannotière* vouloit donner une éducation brillante à fon Fils ; mais Madame la Marquife ne voulut pas qu'il apprît le latin, parce qu'on ne jouoit la Comédie & l'Opéra qu'en françois. Elle empêcha auffi qu'on ne lui apprît la Géographie, parce que, difoit-elle, les Poftillons fauroient bien trouver, fans qu'il s'en embarraffât, le chemin de fes terres. Après avoir examiné de cette manière toutes les fciences utiles, il fut décidé que le jeune Marquis apprendroit à danfer.

On imagine bien qu'éloigné de toutes les études qui doivent occuper un jeune homme, il fut bientôt conduit, par l'oisiveté, dans le libertinage. Il dépensa des sommes immenses à rechercher de faux plaisirs, pendant que ses parens s'épuisoient encore davantage à vivre en grands Seigneurs.

Une jeune veuve de qualité, qui n'avoit qu'une fortune médiocre, voulut bien se résoudre à mettre en sûreté les grands biens de Monsieur & de Madame de *la Jeanno-tière*, en se les appropriant, & en épousant le jeune Marquis. Une vieille voisine proposa le mariage. Les parens, éblouis de la splendeur de cette alliance, accepterent avec joie la proposition. Tout étoit déja

prêt pour les noces , & le jeune
Marquis , aux genoux de fa belle
veuve , recevoit déja les complimens de leurs amis communs, lorfqu'un Valet-de-chambre de fa
Mere arrive tout effaré. Voici bien
d'autres nouvelles, dit-il ! Des
Huiffiers déménagent la maifon de
Monfieur & de Madame. Tout eft
faifi par des créanciers ; on parle
de prife-de-corps , & je vais faire
mes diligences pour être payé de
mes gages. Voyons un peu , dit
le Marquis , ce que c'eft que ça.
Oui , dit la veuve , allez punir
ces coquins , allez vîte. Il y court,
il arrive à la maifon. Son Pere étoit
déjà emprifonné. Tous les domef-
tiques avoient fui chacun de leur
côté , en emportant tout ce qu'ils

avoient pû. Sa Mere étoit feule, fans fecours, fans confolation, noyée dans les larmes. Il ne lui reftoit rien que le fouvenir de fa fortune & celui de fes folles dépenfes.

Après que le Fils eut long-temps pleuré avec fa Mere, il lui dit enfin : Ne nous défefpérons pas. Cette jeune veuve m'aime éperduement. Elle eft plus généreufe encore que riche. Je réponds d'elle. Je vais la chercher, & je vous l'amene. Il retourne donc chez fa maitreffe. Quoi ! c'eft vous, lui dit-elle, Monfieur de *la Jeannotière ?* Que venez-vous faire ici ? abandonne-t-on ainfi fa Mere ? Allez chez cette pauvre femme, & dites-lui que je lui veux toujours du bien. J'ai befoin d'une Femme-de-chambre, & je lui donnerai la préférence.

Le Marquis, stupéfait, la rage dans le cœur, alla chez ceux qu'il avoit vu venir le plus familierement dans la maison de son Pere. Ils le reçurent tous avec une politesse étudiée, & en ne lui donnant que de vagues espérances. Il apprit mieux à connoître le monde dans une demi-journée que dans tout le reste de sa vie.

Comme il étoit plongé dans l'accablement du désespoir, il vit avancer une chaise roulante à l'antique, espece de tombereau couvert, avec des rideaux de cuir, suivi de quatre charrettes énormes toutes chargées. Il y avoit dans la chaise un jeune homme grossierement vêtu. C'étoit

un visage rond & frais, qui respiroit la douceur & la gaieté. Sa
petite femme brune & assez gros-
siérement agréable, étoit cahotée
à côté de lui. La voiture n'alloit
pas comme le char d'un petit-maî-
tre. Le voyageur eut tout le tems
de contempler le Marquis immobile, abîmé dans sa douleur. Eh
mon Dieu, s'écria-t-il! je crois que
c'est-là *Jeannot*. A ce nom le Marquis leve les yeux : la voiture s'arrête. C'est *Jeannot* lui-même, c'est
Jeannot. Le petit homme rebondi
ne fait qu'un saut, & court embrasser son ancien camarade. *Jeannot* reconnut *Colin*. La honte & les
pleurs couvrirent son visage. Tu
m'as abandonné, lui dit *Colin* ; mais
tu as beau être grand Seigneur,

je t'aimerai toujours. *Jeannot*, confus & attendri, lui conta, en sanglottant, une partie de son histoire. Viens dans l'hôtellerie où je loge me conter le reste, lui dit *Colin*. Embrasse ma petite femme, & allons dîner ensemble.

Ils vont tous trois à pied suivis du bagage. — Qu'est-ce donc que tout cet attirail? Vous appartient-il? — Oui, tout est à moi & à ma femme. Nous arrivons du pays. Je suis à la tête d'une bonne Manufacture de fer étamé & de cuivre. J'ai épousé la fille d'un riche Négociant en ustensiles nécessaires aux grands & aux petits. Nous travaillons beaucoup, Dieu nous bénit; nous n'avons point changé d'état, nous sommes heureux, nous aiderons notre ami *Jeannot*. Ne fois plus Marquis ; toutes les grandeurs de ce monde ne valent pas un bon ami. Tu reviendras avec moi au pays , je t'apprendrai le métier , il n'eſt pas bien difficile. Je te mettrai de part , & nous vivrons gaiement dans le coin de terre où nous fommes nés.

Jeannot éperdu, fe fentoit partagé entre la douleur & la joie , la tendreſſe & la honte ; & il fe difoit tout bas : Tous mes amis du bel air m'ont trahi , & *Colin* , que j'ai méprifé , vient feul à mon fecours. Quelle inſtruction ! La bonté d'ame de *Colin* développa , dans le cœur de *Jeannot* , le germe du bon naturel que le monde n'avoit pas encore étouffé. Il fentit qu'il ne pou-

A vj

voit abandonner son Pere & sa Mere.
Nous aurons soin de ta Mere, dit
Colin ; & quant à ton bon-homme
de Pere, qui est en prison, j'en-
tens un peu les affaires, & je me
charge des siennes. Il vint, effectivement, à bout de le tirer des mains
de ses créanciers. *Jeannot* retourna
dans sa patrie avec ses parens, qui
reprirent leur premiere profession.
Il épousa une sœur de *Colin*, laquelle étant de même humeur que
le frere, le rendit très-heureux. Et
Jeannot le Pere, & *Jeannote* la
Mere, & *Jeannot* le Fils, virent
que le bonheur n'est pas dans la
vanité.

Le moyen de couler une vie toujours heureuse.

Ménalque étoit bien vieux. Déjà les ans avoient penché sa tête ombragée de cheveux argentés, & il avoit besoin d'un bâton pour rassurer ses pas chancelans. Ménalque avoit travaillé, il avoit fait le bien ; & tranquille & serein, il attendoit désormais le sommeil du tombeau. La bénédiction du Ciel étoit répandue sur ses enfans. Il leur avoit donné de nombreux troupeaux & de riches pâturages. Aussi, tous s'étudioient à l'envi à embellir ses vieux jours, & à lui rendre les soins qu'il avoit eus de leur jeunesse.

Mais l'amufement le plus cher à ce bon vieillard, c'étoit lorfque les enfans de fes enfans venoient folâtrer autour de lui. Arbitre de leurs jeux, il jugeoit leurs petits différens, & lui-même faifoit leurs jouets. Sans ceffe ils accouroient en criant : Oh ! fais-nous ceci, & puis encore cela. Quand ils l'avoient obtenu, ils fe précipitoient à fon cou ; ils fautoient de joie, & le vieillard fourioit à leurs tranfports. Il leur apprenoit à tailler le jonc, à en faire des flûtes & des chalumeaux. Il leur enfeignoit les airs qui appellent les brebis & les chêvres au pâturage, & ceux qui les ramènent au bercail. Il compofoit pour eux des chanfons. Les petits les chantoient, les plus grands les accompagnoient de la flûte. Quelquefois encore il leur racontoit quelque hiftoire intéreffante. Alors on les voyoit affis à terre, ou fur le feuil de la porte, tous la bouche entr'ouverte & les yeux attachés fur fes levres.

Un foir il étoit monté dans fa barque avec un de fes petits-fils, &, côtoyant la mer, il étoit allé pofer des filets dans les rofeaux qui bordent de toutes parts le rivage de plufieurs petites ifles. Déjà le foleil, fur fon déclin, commençoit à fe plonger dans la mer, & l'onde & le Ciel paroiffoient tout en feu.

Que tout ce qui nous environne eft beau ! s'écria le jeune enfant, inftruit par Ménalque à remarquer les beautés de la Nature. Que tout ce qui nous environne eſt beau ! O mon pere, que j'ai de plaiſir en ce moment !

Tu as du plaiſir, lui dit Ménalque ? eh bien tu en auras toujours, ſi tu conſerves l'innocence de ton cœur. O mon cher fils ! bientôt je te quitterai ! bientôt j'abandonnerai cette belle contrée, pour recevoir dans des régions encore plus belles, la récompenſe de la probité ! Ah ! demeure toujours fidele à la vertu, pleure avec l'affligé, & donne de ton pain à l'indigent. Contribue, autant qu'il eſt en ton pouvoir, au bien-être de tes ſemblables : ſois laborieux, éleve ton eſprit vers le Maître de la Nature, à qui les vents & les mers obéiffent, qui gouverne tout pour le bien de l'Univers. Choifis plutôt la mort que de confentir au crime. C'eft en penfant ainfi, ô mon fils! que j'ai vu mes cheveux blanchir au milieu de la joie. Et quoique j'aie déjà vu quatre-vingt-fois fleurir le bocage qui entoure notre cabane, cependant mes années nombreufes fe font écoulées comme un jour ferein du printemps, au milieu des plaifirs les plus doux. J'ai effuyé, il eft vrai, quelques malheurs. Lorfque ta mere expira, mes yeux verferent un torrent de larmes; on crut long-temps que je defcendrois avec elle dans fon tombeau. Souvent auffi l'orage m'a furpris au milieu de la mer, dans ma barque légere. Je voyois le vent de la tempête plongeant ſes ailes dans les ondes, les ſecouer enſuite dans les airs, & me couvrir d'un effroyable déluge, tandis que les vagues entrouvertes ſembloient prêtes à m'engloutir. Mais bientôt la fureur des vents s'appaiſoit, l'onde calmée me montroit de nouveau l'image du Ciel, & le calme & la joie rentroient dans mon cœur. Maintenant le tombeau m'attend, je ne le crains point. Le ſoir de ma vie ſera auſſi beau que l'ont été le matin & le midi. O mon fils ! ſois bon, ſois vertueux, & tu ſeras heureux comme moi, & la Nature aura ſans ceſſe des charmes pour toi.

Le jeune homme ſe pencha ſur le ſein de Ménalque, en lui diſant : Non, non mon pere, tu ne mourras pas si-tôt, le Ciel te conservera encore pour ma consolation. Et bien des larmes coulerent de ses yeux. Pendant ce temps leurs filets se trouverent tendus. La nuit sortant peu-à-peu du sein de la mer, ils voguerent doucement vers leur cabane.

Philète mourut bientôt : son fils vertueux le pleura long-temps, & jamais cette soirée ne lui sortit de l'esprit. Un saint tressaillement le saisissoit quand l'image de son pere se présentoit à son ame. Il suivit toujours les instructions du respectable vieillard. Le Ciel répandit ses bénédictions sur ses travaux. Il vécut long-temps, & sa vie ne lui parut aussi qu'un long printemps.

Les soins prévenans des Enfans pour leurs Peres.

MYRTILE.

DÉJA, ma sœur, si matin ! A peine le coq matineux a-t-il salué l'aurore, & déjà tu cours dans la rosée. Quelle fête prépares-tu donc aujourd'hui, & pourquoi as-tu si matin rempli ta corbeille de fleurs ?

DAPHNÉ.

Te voilà, mon cher frere, bon jour. D'où viens-tu pendant l'humidité du matin ? Quel ouvrage as-tu entrepris dès la pointe du jour ? Pour moi je suis venue ici chercher des violettes, du muguet, des roses ; & pendant que notre pere & notre mere dorment encore, je vais les surprendre sur leur lit. Ils se réveilleront en respirant ces doux parfums, & se réjouiront quand ils se verront entourés de fleurs.

M Y R T I L E.

Pour moi, ma sœur, écoute : tu sais bien qu'hier au coucher du soleil, comme notre pere tournoit les yeux vers le côteau sur lequel il se repose souvent, il disoit : Oh ! quel plaisir s'il y avoit-là un berceau qui pût nous recevoir sous son ombre ! Je l'entendis, & je fis comme si je ne l'avois pas entendu. Mais long-temps avant le lever du soleil, je suis venu ici, j'y ai construit un berceau, & j'ai attaché à l'entour les branches pendantes des coudriers. Regarde, ma sœur, l'ouvrage est achevé. Ne me décèle pas, jusqu'à ce que lui-même l'ait apperçu. Que ce jour va être heureux pour nous !

DAPHNÉ.

O mon frere ! comme il sera surpris agréablement, quand il appercevra de loin le berceau ! Je m'en vais à l'instant. Je vais me glisser légerement auprès du lit de mes parens, & répandre ces fleurs autour d'eux.

MYRTILE.

Lorsqu'ils se réveilleront au milieu de ces doux parfums, ils se regarderont avec un souris tendre, & diront : C'est Daphné qui a fait ceci ! Où est-elle cette enfant ? Avant que nous fussions éveillés, elle étoit occupée de nos plaisirs.

DAPHNÉ.

Eh vraiment, quand notre pere, de sa fenêtre, verra le berceau ! Me trompé-je, dira-t-il alors ? Voilà un berceau sur le haut de la colline. Sûrement c'est mon fils qui l'a construit. Qu'il soit béni mon fils ! Le repos de la nuit ne l'a pas empêché de songer à réjouir notre vieillesse. Alors, mon frere, le jour entier sera pour nous un jour de délices ; car celui qui commence la journée par une bonne action, est assuré de trouver du plaisir dans tout ce qu'il aura à faire.

L'Enfant bien corrigé.

LE pauvre Nicolas, tout courbé sous le poids
D'un énorme fagot, s'en revenoit du bois
Un soir beaucoup plus tard qu'il n'avoit de
coutume.
En marchant, il disoit, d'un ton plein
d'amertume :
« La bonne Marguerite est bien triste à
présent ;
Elle s'inquiete, elle pleure :
Chaque moment
Lui paroît long, long comme une heure.
Antoine est triste aussi. C'est un si bon
enfant :
C'est tout le portrait de sa mere.
Si les Dieux nous aident, j'espere
Qu'il sera juste & bienfaisant.
Cet espoir est bien doux. Mais voici que
j'approche ;

Ils

Ils feront confolés quand ils me reverront.
Comme ils feront joyeux ! Comme ils
    m'embrafferont !
    S'ils me faifoient quelque reproche,
Je leur dirai pourquoi j'ai tardé fi long-
    temps ;
Au lieu de m'en vouloir, ils feront bien
    contens ».
    Tout en raifonnant de la forte,
    Nicolas arrive à fa porte.
Il entre, il voit fa femme affife auprès
    du lit ;
    Sur la traverfe de fa chaife
Sa tête eft renverfée ; elle pleure & gémit :
Son fils eft à genoux ; il tient, il preffe, il
    baife
Sa main qu'elle paroît vouloir lui retirer.
« Ceffez, dit Nicolas, ceffez de foupirer :
Me voilà bien portant..... Eft-ce ainfi
    qu'on m'embraffe ?
Vous ne me dites rien ? Mon fils, tu ne
    viens pas
    Te jetter dans mes bras ?

B

Une caresse me délasse :
Tu le fais bien ; viens donc ! ils veulent
me punir.
Ne boudez plus : tenez, mettez-vous à
ma place ;
Voyez si je devois plutôt m'en revenir.
J'avois fais mon fagot ; je sortois du bocage ;
Il n'étoit pas encore absolument bien tard,
Quand j'y vois arriver un malheureux
vieillard.
Il est, je crois, de ce Village
Que par notre fenêtre on apperçoit là-bas.
Il se traînoit à peine. A voir votre démarche,
Lui dis-je, Patriarche,
Vous semblez déjà las.
Il me répond par un hélas !
Qui me fait grand pitié. Vîte, je prends ma
hache,
Je lui coupe un fagot ; je ne le fais pas gros ;
Il ne l'eût pas porté : de deux harts je
l'attache,
Et le mets sur son dos.
Il me remercie & me quitte,

Je veux doubler le pas pour arriver plus vîte,
La neige tient à mes fabots,
Et m'empêche. . . . Mais quoi ! ma chere
Marguerite,
Encore des foupirs, encore des fanglots !
Tu ne pardonnes point ? Tu ne m'aimes donc
guere ?
Je ne l'aurois pas cru ». Marguerite, à ces
mots,
Le prenant par la main, lui dit : « Malheureux
pere,
Pourrois-tu défirer d'être aimé de la mere
Du fils le plus méchant ?
— Antoine méchant ! Lui ! Non, non, fon
caractere
Eft bon ; je le connois ; il eft encore enfant,
Il aime à folâtrer, c'eft le droit de fon âge :
Mais laiffe faire, en grandiffant
Il fera bon & fage.
— Dis plutôt cruel : — Non, je le promets
pour lui.
Antoine tu devrois le promettre toi-même,
Et tâcher d'appaifer une mere qui t'aime.

B ij

Mais approche, dis-moi : qu'as-tu fait
    aujourd'hui
Pour la fâcher ? Réponds, puifque je le
    demande. ...
Vous vous cachez, mon fils, la faute eſt
    donc bien grande.
— Très-grande, cher époux ; mais il en eſt
    honteux,
C'eſt bon ſigne. — Dis-moi ce que c'eſt.
    — Tu le veux,
    Tu ſeras fâché de l'entendre ;
Mais enfin tu le veux, tu le ſauras. Ce ſoir,
    Comme il m'ennuyoit de t'attendre,
J'ouvrois de temps en temps la porte, &
    j'allois voir
    Si tu venois ; une fauvette
    Entre avec moi dans la maiſon,
    Puis ſe blottit ſur la couchette.
    Elle grelottoit. La ſaiſon
    Eſt pour cela bien aſſez dure.
    Je la réchauffois dans mon ſein,
    De mon haleine & ſous ma main,
Lorſque je vois entrer la fille de couture,

La petite Babet. La pauvre créature,
    En tombant fur des échalas,
Dans fa vigne ici près, s'eft déchiré le bras,
    Elle pleuroit, & fa bleſſure
    Saignoit beaucoup. Ce n'eft pas moi
    Qu'elle demandoit ; c'étoit toi.
Voyant que tu tardois, & qu'elle étoit
        preſſée,
    Comme j'ai pu, je l'ai panſée.
    Pour la panfer, j'ai pris
    Le baume du pot gris :
Eft-ce bien celui-là ? Me ferois-je trompée ?
—— C'eft bon. Après ? —— Tandis que j'é-
    tois occupée
A tout cela, ton fils, à qui j'avois donné
La fauvette à tenir, dans un coin s'eft
    tourné,
Et puis.... —— Acheve donc. —— Et puis
    il l'a plumée.
  -- Quoi plumée ? -- Oui, partout le corps,
Hors les ailes pourtant. La porte étoit fermée,
Il a bien fu l'ouvrir pour la mettre dehors.
    Elle a volé, la malheureufe ;

Elle voloit en gémiſſant.

J'entendois ſa voix douloureuſe

Qui me ſaignoit le cœur. .... Nous aurons
un méchant.

Juge ce qu'il fera, s'il devient jamais grand.

Voilà, mon bon ami, ce qui me déſeſpere.

Aurois-tu fait cela quand tu n'étois qu'enfant?

Moi qui diſois à tout inſtant :

Mon cher Antoine aura la bonté de ſon pere.

Auſſi je l'aimois trop. Que Dieu m'en punit
bien !

--- Vas, vas, conſole toi ma chere,

Seche tes pleurs, & ne crains rien.

Il eſt là haut une Juſtice

Aux bons parens toujours propice.

S'il doit être un méchant, les Dieux nous
l'ôteront.

Non, jamais ils ne permettront. ...

Approche-toi, mon fils, viens, viens que
je t'embraſſe,

Que je t'embraſſe, hélas! pour la derniere fois.

Tu fais bien de pleurer : je pleure auſſi, tu
vois.

Mets ta main fur mon cœur ; tiens , c'étoit-
là ta place ;
Car je t'aimois , Antoine , & c'étoit mon
bonheur.
Je ne t'aimerai plus. .. Oh , fi fait , j'ai beau
dire ,
Je t'aimerai toujours : ce fera ma douleur.
Ciel ! j'aimerois donc un..... J'ai peur de te
maudire.
Il faut les ramaffer les plumes de l'oifeau ,
Et les pendre à ce foliveau.
Ramaffe-les , ma femme.
Quand nous l'aimerons trop , nous les re-
garderons ;
En les regardant , nous dirons :
Il ne faut point aimer une auffi méchante
ame.
Ce pauvre oifeau , mon fils (refte fur mes
genoux) ,
Ce pauvre oifeau , crois-tu que la feule
froidure
L'ait amené chez nous !
Non, c'eft l'Auteur de la Nature ;

Qui le mettoit entre nos mains.
C'étoit nous ordonner de lui fauver la vie ;
Il prend foin des oifeaux tout comme des
　　humains.
Et vous l'avez plumé ? S'il me prenoit envie
De vous envoyer nud paffer la nuit au froid ,
　　Vous m'en avez donné le droit ,
　　Vous n'auriez point à vous en plaindre.
Mais ce feroit méchant, je vous reffemblerois,
　　Et plus que vous j'en fouffrirois.
Ne tremble point , mon fils , vas , tu n'as
　　rien à craindre ,
Car je fens que je t'aime, & t'aimerai toujours.
　　J'efpérois que dans la vieilleffe
De ta mere & de moi , tu ferois le fecours ,
　　Et tu vas abréger nos jours
　　Par les chagrins & la trifteffe.
-- Ah maman ! Ah papa ! baifez-moi de bon
　　cœur !
Non , vous ne mourrez pas de chagrin, de
　　douleur :
　　Tout le bien que je pourrai faire ,
　　Je vous promets , je le ferai.

Je ferai bon enfant , je vous reſſemblerai.
    Aiſément un pere , une mere
Se laiſſent attendrir. Antoine eut ſon pardon.
    Il tint ſa promeſſe , il fut bon.
    Il fut ſi vertueux , ſi ſage ,
    Qu'on le montroit dans le canton ,
    A tous les enfans de ſon âge.
Un jour qu'il regardoit triſtement au plancher,
Sa mere qui le vit alla prendre une échelle.
    Monte mon fils , monte , dit-elle ,
    Et vas promptement détacher
Les plumes de l'oiſeau : c'eſt-là ce qui t'afflige,
    Jette-les au feu , ne crains rien :
    Ton pere le veut bien.
Tu le veux , n'eſt-ce pas ? -- Oui. -- Jette-les ,
    te dis-je ,
    Et qu'il n'en reſte aucun veſtige.
    Non , maman , je les garderai ;
    A mes enfans, ſi Dieu m'en donne ,
    En pleurant , je les montrerai.
    En même-tems je leur dirai :
Un jour je fus méchant , & maman fut trop
    bonne.

Le besoin d'aimer & d'être aimé.

LE Visir Azamet avoit plu, dans sa jeunesse, au Sultan Mahmoud, qui l'éleva aux premieres dignités de l'Empire. Dès qu'Azamet fut en place, il voulut réformer les abus; mais les Grands & les Imans le perdirent dans l'esprit du Prince, & même du peuple.

Privé de ses biens, & sans amis, Azamet se retira dans les rochers du Korasan. Là, il vivoit seul dans une petite cabane qu'il avoit construite, & il cultivoit un petit terrein au bord d'un ruisseau.

Il y avoit deux ans qu'il vivoit

dans cette solitude, lorsque le sage Usbeck découvrit sa retraite. Les conseils vertueux d'Usbeck n'avoient pas peu contribué à la perte du Visir. Le Sage, qui n'avoit point oublié son ami dans sa disgrace, partit pour le Korasan.

Usbeck n'étoit plus qu'à un parasange de la cabane du Ministre, lorsqu'il le rencontra. Ils se reconnurent, ils s'embrasserent ; le Sage versoit des larmes, le visage d'Azamet étoit riant, son front étoit serein, & la joie étoit dans ses yeux. Béni soit l'Eternel qui donne de la force aux malheureux, dit Usbeck ! Celui qui possédoit une belle maison dans les riches plaines de Ghilem, est content d'habiter une cabane dans les rochers du Korasan. O Azamet ! Ta vertu t'a suivi dans ces déserts, elle te console d'avoir perdu les roses d'Hérat, les turquoises de Nisha-pour, & les soies de Mézendran ; mais a-t-elle pu te consoler de vivre seul ? Il faut des compagnons à ceux-même qui n'ont point d'amis. Quelle solitude n'est pas un tombeau ?

Ils approchoient cependant de la cabane d'Azamet, où il n'étoit pas rentré depuis le matin. Ils enten-dirent le hennissement d'un jeune cheval qui venoit en bondissant à leur rencontre. Quand il fut au-près du Visir, il le caressa & marcha devant lui en sautant & en hen-nissant.

Usbeck vit accourir d'une prairie voisine,

voisines, deux belles génisses qui passerent & repasserent devant Azamet. Elles sembloient lui offrir leur lait & présenter leur tête à son joug. Elles se mirent à sa suite. A quelques pas de là, deux chèvres, suivies de leurs petits chevreaux, descendirent d'un rocher ; elles témoignerent, par leurs cabrioles, la joie de revoir leur maître qu'elles accompagnerent en badinant autour de lui.

Bientôt du fond d'un petit verger, couvert de jeunes arbres, sortirent quatre ou cinq moutons ; ils bêloient, ils bondissoient & léchoient les mains d'Azamet, qui leur rendoit leurs caresses en souriant. En même-tems quelques pigeons vinrent se poser sur sa tête & sur ſes épaules. Il entroit dans le petit verger qui environnoit ſa cabane, lorſqu'un coq l'apperçut & fit un cri de joie, & à ce cri pluſieurs poules, en coquetant, vinrent augmenter ſon cortége.

Mais les démonſtrations de joie & d'amour de tous ces animaux n'éga-loient point celles de deux jeunes chiens blancs qui attendoient Aza-met à ſa porte. Ils ne venoient point au-devant de lui, & ſem-bloient vouloir lui montrer qu'ils gardoient fidèlement ſa demeure qu'il leur avoit confiée ; mais au moment qu'il entra, ils l'accable-rent des careſſes les plus vives. Ils rampoient autour de lui, ils ſe jettoient à ſes pieds, ils les léchoient. A la moindre careſſe que leur faifoit leur maître , ils s'élançoient , ils faifoient de longs circuits autour de la cabane , en courant & en aboyant de toute leur force. L'excès du plaifir leur donnoit de la folie : ils revenoient bien vîte tout hors d'haleine s'étendre encore aux pieds d'Azamet. Usbeck fourioit à ce fpectacle. Eh bien ! lui dit le Vifir , tu me vois tel que j'ai été dès mon enfance , l'ami des êtres fenfibles. J'ai voulu faire le bonheur des hommes , ils fe font oppofés à mes delfeins. Je rends ces animaux heureux , & je jouis de leur reconnoiffance. Tu vois qu'enfermé dans les rochers du Korafan , j'ai des compagnons , & que ma folitude n'eft pas un tombeau. Je vis encore , ô mon cher

C ij

Usbeck ! Je vis encore , j'aime &
je suis aimé.

Les crimes punis l'un par l'autre.

TROIS hommes voyageoient ensemble : ils rencontrerent un tréfor,
& ils le partagerent. Ils continuerent
leur route en s'entretenant de l'u-
fage qu'ils feroient de leurs richeffes.
Les vivres qu'ils avoient portés
étoient confommés , ils convinrent
qu'un d'eux iroit en acheter à la
Ville , & que le plus jeune fe
chargeroit de cette commiffion ; il
partit.

Il fe difoit en chemin : Me voilà
riche ; mais je le ferois bien davantage , fi j'avois été feul quand

le tréfor s'eft préfenté. Ces deux hommes m'ont enlevé mes richef-fes: ne pourrois-je pas les reprendre? Cela me feroit facile ; je n'aurois qu'à empoifonner les vivres que je vais acheter. A mon retour, je dirois que j'ai dîné à la Ville ; mes compagnons mangeroient fans défiance, & ils mourroient. Je n'ai que le tiers du tréfor, & j'aurois le tout.

Cependant les deux autres voyageurs fe difoient : nous avions bien affaire que ce jeune homme vint s'affocier à nous ; nous avons été obligés de partager le tréfor avec lui : fa part auroit augmenté les nôtres, & nous ferions véritable-ment riches. Il va revenir, nous avons de bons poignards.

C iij

Le jeune homme revint avec des vivres empoisonnés. Ses compagnons l'assassinerent ; ils mangerent ; ils moururent, & le trésor n'appartint à personne.

A L I B É E.

CHA-ABBAS, Rôi de Perse, faisant un voyage, s'écarta de toute sa Cour, pour passer dans la campagne sans y être connu, & pour y voir les Peuples dans toute leur liberté naturelle. Il prit seulement avec lui un de ses Courtisans. Je ne connois point, lui dit le Roi, les véritables mœurs des hommes. Tout ce qui nous aborde est déguisé. C'est l'art & non pas la nature simple qui se montre à nous. Je veux étudier la vie rustique , & voir ce genre d'hommes qu'on méprise tant , quoiqu'ils soient le vrai soutien de toute la Société humaine. Je suis lassé de voir des Courtisans qui m'observent pour me surprendre en me flattant. Il faut que j'aille voir des laboureurs & des bergers qui ne me connoissent pas. Il passa avec son confident au milieu de plusieurs Villages où l'on faisoit des danses ; & il étoit ravi de trouver loin des Cours des plaisirs tranquilles & sans dépense. Il fit un repas dans une cabane ; & comme il avoit grand faim , après avoir marché plus qu'à l'ordinaire , les alimens grossiers qu'il prit , lui parurent plus agréables que tous les

mêts exquis de fa table. En paffant
dans une prairie femée de fleurs,
qui bordoit un clair ruiffeau, il apperçut un jeune berger qui jouoit
de la flûte à l'ombre d'un grand
ormeau, auprès de fes moutons
paiffans. Il l'aborde, il l'examine,
il lui trouve une phyfionomie agréable, un air fimple & ingénu, mais
noble & gracieux. Les haillons dont
le berger étoit couvert, ne dimi-
nuoient point l'éclat de fa beauté.
Le Roi crut d'abord que c'étoit
quelque perfonne de naiffance il-
luftre qui s'étoit déguifée ; mais il
apprit du berger que fon pere &
fa mere étoient dans un Village
voifin, & que fon nom étoit Alibée.
A mefure que le Roi le queftionnoit,
il admiroit en lui un efprit ferme

& raisonnable. Ses yeux étoient vifs, & n'avoient rien d'ardent & de farouche : sa voix étoit douce & insinuante, propre à toucher. Son visage n'avoit rien de grossier ; mais ce n'étoit pas une beauté molle & efféminée. Le berger, d'environ seize ans, ne savoit point qu'il fût tel qu'il paroissoit aux autres. Il croyoit penser, parler, être fait comme tous les autres bergers de son Village. Mais sans éducation, il avoit appris tout ce que la raison fait apprendre à ceux qui l'écoutent. Le Roi l'ayant entretenu familiere-ment, en fut charmé. Il sut de lui, sur l'état des Peuples, tout ce que les Rois n'apprennent jamais d'une foule de flatteurs qui les environne. De tems en tems il rioit de la

naïveté de cet enfant qui ne ména-
geoit rien dans ſes réponſes. C'étoit
une grande nouveauté pour le Roi
que d'entendre parler ſi naturellement. Il fit ſigne au Courtiſan qui
l'accompagnoit, de ne point dé-
couvrir qu'il étoit le Roi ; car il
craignoit qu'Alibée ne perdît, en
un moment, toute ſa liberté &
toutes ſes graces, s'il venoit à
ſavoir devant qui il parloit. Je vois
bien, diſoit le Prince au Courtiſan, que la nature n'eſt pas moins
belle dans les plus baſſes conditions
que dans les plus hautes. Jamais
enfant de Roi n'a paru mieux né
que celui-ci qui garde les moutons.
Je me trouverois trop heureux d'a-
voir un fils auſſi beau, auſſi ſenſé,
& auſſi aimable. Il me paroît propre

à tout ; & si on a soin de l'inf-
truire, ce sera assurément un jour
un grand homme. Je veux le faire
élever auprès de moi. Le Roi
emmena Alibée, qui fut bien surpris d'apprendre à qui il s'étoit
rendu si agréable. On lui fit apprendre à lire, à écrire, à chanter,
& ensuite on lui donna des Maîtres
pour les Arts & pour les Sciences,
qui ornent l'esprit. D'abord il fut
un peu ébloui de la Cour ; & son
grand changement de fortune chan-
gea un peu son cœur. Son âge & sa
faveur, joints ensemble, altérerent
un peu sa sagesse & sa modération.
Au lieu de sa houlette, de sa flûte,
& de son habit de berger, il prit
une robe de pourpre brodée d'or,
avec un turban couvert de pierreries.

C vj

Sa beauté effaça tout ce que la Cour avoit de plus agréable. Il se rendit capable des affaires les plus sérieuses, & mérita la confiance de son Maître qui, connoissant le goût exquis d'Alibée pour toutes les magnificences d'un Palais, lui donna enfin une charge très-considérable en Perse, qui est celle de garder tout ce que le Prince a de pierreries & de meubles précieux.

Pendant toute la vie du grand Cha-Abbas, la faveur d'Alibée ne fit que croître. A mesure qu'il s'avança dans un âge plus mûr, il se ressouvint enfin de son ancienne condition; & souvent il la regrettoit. O beaux jours, disoit-il à lui-même, jours innocens, jours où j'ai goûté une joie pure & sans périls , jours depuis lefquels je n'en ai vu aucun de fi doux , ne vous reverrai-je jamais ? Celui qui m'a privé de vous en me donnant tant de richeffes m'a tout ôté. Il voulut aller revoir fon Village ; il s'attendrit dans les lieux où il avoit autrefois danfé , chanté , joué de la flûte avec fes compagnons. Il fit quelque bien à tous fes parens & à tous fes amis. Il leur fouhaita , pour principal bonheur, de ne quitter jamais la vie champêtre , & de n'éprouver jamais les malheurs de la Cour.

Il les éprouva , ces malheurs , après la mort de fon bon Maître Cha-Abbas. Son fils Chaph-Sephi fuccéda à ce Prince. Des Courtifans envieux & pleins d'artifices , trouverent moyen de le prévenir contre

Alibée. Il a abusé, disoient-ils, de la confiance du feu Roi. Il a amassé des trésors immenses, & a détourné plusieurs choses d'un très-grand prix, dont il étoit dépositaire. Chaph-Sephi étoit, tout ensemble, jeune & Prince : il n'en falloit pas tant pour être crédule, inappliqué, & sans précaution. Il eut la vanité de vouloir paroître réformer ce que le Roi, son pere, avoit fait, & juger mieux que lui. Pour avoir un prétexte de déposséder Alibée de sa charge, il lui demanda, selon le conseil de ses Courtisans envieux, de lui apporter un cimeterre garni de diamans, d'un prix immense, que le Roi, son grand-pere, avoit accoutumé de porter dans les combats.

Cha-Abbas avoit fait, autrefois, ôter de ce cimeterre tous les beaux diamans; & Alibée prouva, par de bons témoins, que la chose avoit été faite par l'ordre du feu Roi, avant que la charge eût été donnée à Alibée. Quand les ennemis d'Alibée virent qu'ils ne pouvoient plus se servir de ce prétexte pour le perdre, ils conseillerent à Chaph-Sephi de lui commander de faire, dans quinze jours, un inventaire exact de tous les meubles précieux dont il étoit chargé. Au bout de quinze jours il demanda à voir, lui-même, toutes choses. Alibée lui ouvrit toutes les portes, & lui montra tout ce qu'il avoit en garde. Rien n'y manquoit : tout étoit propre, bien rangé, & conservé

avec grand foin. Le Roi , bien
étonné de trouver par-tout tant
d'ordre & d'exactitude , étoit prefque revenu en faveur d'Alibée, lorfqu'il apperçut, au bout d'une grande
galerie pleine de meubles très-fomp-
tueux , une porte de fer qui avoit
trois grandes ferrures. C'eft là , lui
dirent à l'oreille les Courtifans jaloux , qu'Alibée a caché toutes les
chofes précieufes qu'il vous a dé-
robées. Auffi-tôt le Roi , en colere,
s'écria : Je veux voir ce qui eft au-
delà de cette porte. Qu'y avez-vous
mis ? Montrez-le moi. A ces mots,
Alibée fe jetta à fes genoux , le
conjurant, au nom de Dieu, de
ne lui pas ôter ce qu'il avoit
de plus précieux fur la terre. Il
n'eft pas jufte , difoit-il , que je

perde en un moment ce qui me reste, & qui fait ma ressource, après avoir travaillé tant d'années auprès du Roi, votre pere. Otez-moi, si vous voulez, tout le reste ; mais laissez-moi ceci. Le Roi ne douta point que ce ne fût un trésor mal acquis, qu'Alibée avoit amassé. Il prit un ton plus haut, & voulut absolument qu'on ouvrît cette porte. Enfin Alibée, qui en avoit les clefs, l'ouvrit lui-même. On ne trouva, en ce lieu, que la houlette, la flûte & l'habit de berger, qu'Alibée avoit porté autrefois, & qu'il revoyoit souvent avec joie, de peur d'oublier sa premiere condition. Voilà, dit-il, ô grand Roi ! les précieux restes de mon ancien bonheur. Ni la fortune, ni votre puissance , n'ont pû me les ôter. Voilà mon tréfor que je garde pour m'enrichir, quand vous m'aurez fait pauvre. Reprenez tout le refte ; laiffez-moi ces chers gages de mon premier état. Les voilà, mes vrais biens qui ne manqueront jamais. Les voilà, ces biens fimples, innocens, toujours doux à ceux qui favent fe contenter du néceffaire, & ne fe tourmentent point pour le fuperflu. Les voilà, ces biens dont la liberté & la fûreté font les fruits. Les voilà, ces biens qui ne m'ont jamais donné un moment d'embarras. O chers inftrumens d'une vie fimple & heureufe ! je n'aime que vous ; c'eft avec vous que je veux vivre & mourir. Pourquoi faut-il que d'autres biens trompeurs foient venus m'abufer, & troubler le repos de ma vie ? Je vous les rends, grand Roi, toutes ces richeffes qui me viennent de votre libéralité. Je ne garde que ce que j'avois, quand le Roi votre pere vint, par fes graces, me rendre malheureux.

Le Roi, entendant ces paroles, comprit l'innocence d'Alibée, & étant indigné contre les Courtifans qui l'avoient voulu perdre, il les chaffa d'auprès de lui. Alibée devint fon principal Officier, & fut chargé des affaires les plus fecrettes ; mais il revoyoit tous les jours fa houlette, fa flûte, & fon ancien habit qu'il tenoit toujours prêts dans fon tréfor, pour les reprendre dès que la fortune inconftante troubleroit fa faveur. Il mourut dans une

extrême vieilleſſe , ſans avoir jamais voulu ni faire punir ſes ennemis , ni amaſſer aucun bien , & ne
laiſſant à ſes parens que de quoi
vivre dans la condition de berger,
qu'il crut toujours la plus ſûre & la
plus heureuſe.

L'homme bienfaiſant , même après ſa mort.

Nous allions à Delphes , Lycas
& moi , porter notre offrande à
Apollon. Déjà nous appercevions
la colline ſur laquelle le Temple,
orné de colonnes d'une blancheur
éclatante , s'éleve du ſein d'un bois
de lauriers vers la voûte azurée des
Cieux. Plus loin, nos yeux ſe per-

doient sur la plaine immense des
mers. Il étoit midi. Le sable brûloit nos pieds , & à chaque pas
que nous faisions , il s'élevoit une
poussiere enflammée , qui nous
brûloit les yeux & se colloit sur
nos levres desséchées. Nous gravis-
sions ainsi , accablés de langueur ;
mais bientôt nous hâtâmes le pas ,
lorsque nous apperçûmes devant
nous , sur le bord même du chemin , quelques arbres hauts & touffus. Leur ombrage étoit aussi sombre
que la nuit. Saisis d'un frémisse-
ment religieux, nous entrâmes dans
le bocage , où l'on respiroit la plus
douce fraîcheur. Ce lieu de délices
offroit à-la-fois tout ce qui pouvoit
récréer nos sens. Ces arbres touffus
entouroient un parterre de gazon

arrosé par une source de l'eau la plus fraîche. Des branches chargées de poires & de pommes dorées, s'inclinoient vers le bassin, & les troncs des arbres étoient entrelacés de fertiles buissons, de l'églantier, de la groseille & du murier sauvage. La fontaine sortoit en bouillonnant du pied d'un tombeau entouré de chèvre-feuilles, de saules & de lierre rampant. O Dieux! m'écriai-je, quel charme on respire en ce lieu! Mon cœur bénit celui dont la main bienfaisante a planté ces doux ombrages. C'est ici peut-être que reposent ses cendres. Voici, me dit Lycas, voici quelques caracteres que j'apperçois entre ces rameaux de chèvre-feuille, sur le bord du tombeau. Peut-être nous apprendront-ils quel eſt celui qui daigna pourvoir au ſoulagement du voyageur fatigué. Il ſouleva les rameaux avec ſon bâton, & lut ces mots :

» Ici repoſent les cendres d'Amyntas. Sa vie entiere ne fut qu'une chaîne de bienfaits. Voulant encore faire du bien long-tems après ſa mort, il conduiſit cette ſource en ce lieu, & il y planta ces arbres «.

Que ta cendre ſoit bénie, homme généreux ! que tous les tiens, que tous ceux que tu laiſſas après toi, ſoient bénis à jamais ! en diſant ces mots, je vis de loin, ſous les arbres, quelqu'un s'avancer vers nous. C'étoit une femme jeune & belle, qui venoit à la fontaine avec un vaſe de terre ſous ſon bras. Je vous ſalue, nous dit-elle, d'une voix gracieuse. Vous êtes étrangers, & vous êtes accablés sans doute du long chemin que vous avez fait durant la chaleur du jour. Dites-moi, auriez-vous besoin de quelques rafraîchissemens, que vous n'ayez pas trouvés ici ? Nous te remercions, lui répondis je, nous te remercions, femme aimable & bienfaisante. Que pourrions-nous désirer encore ? L'eau de cette fontaine est si pure ! ces fruits si délicieux ! ces ombrages si frais ! nous sommes pénétrés de vénération pour l'homme de bien dont la cendre repose ici. Sa bienfaisance a prévenu tous les besoins du voyageur. Tu parois être de cette contrée, tu l'as connu sans doute. Ah ! dis-nous, tandis que nous reposons à la fraîcheur

de

de l'ombre, dis-nous, quel fut cet homme vertueux ?

Alors elle s'affit, pofa fon vafe de terre à fon côté, & s'appuyant deffus, elle reprit avec un fourire gracieux.

Puifque vous défirez de favoir quel eft l'homme qui repofe fous cette tombe, comment il a conduit ici cette fource, & comment il a planté ces arbres, je vais vous le raconter.

Amyntas étoit le nom de cet homme de bien. Honorer les Dieux, être utile aux hommes, c'étoit pour lui le bonheur le plus doux. Dans toute cette contrée, il n'eft pas un Berger qui ne révère fa mémoire, avec la reconnoiffance la plus tendre. Il n'en eft pas un qui ne raconte, en verfant des larmes de joie,

D

quelques traits de fa droiture ou de fa bonté. Dans fes derniers jours, il venoit fouvent s'affeoir ici fur le bord du chemin. D'un air affable & doux, il faluoit les paffans, & offroit des rafraîchiffemens au voyageur fatigué. Eh quoi, dit-il un jour, fi je plantois ici quelques arbres fruitiers, fi, fous leur ombrage, je conduifois une fource fraîche & limpide! L'eau & l'ombre font loin de ces lieux; je foulagerois encore long-tems après moi, & l'homme fatigué, & celui qui languit aux ardeurs du midi. Ce deffein fut promptement exécuté. De fes mains débiles il conduifit ici la fource la plus pure, & à l'entour il planta ces arbres fertiles, dont les fruits mûriffent en différentes faifons. Il n'a pu voir ces arbres dans toute leur vigueur, étendre au loin leurs branches touffues, & l'extrémité de leurs rameaux cédant au poids des fruits mûrs, fe courber jufques fur le gazon fleuri ; mais il leur a vu prendre leurs premiers accroiffemens, il s'eft promené fous leur ombre naiffante. Lorfque les Dieux, pour fe hâter fans doute de récompenfer fa bienfaifance, ont rappellé fon ame dans leur fein, nous avons enféveli fa dépouille mortelle dans ces lieux, afin que tous ceux qui repoferont fous cet ombrage, béniffent fa cendre.

A ce récit, pénétrés de refpect, nous bénîmes la cendre de l'homme de bien, & nous dîmes à la Bergere : » Cette fource nous a paru bien douce, la fraîcheur de cette ombre nous a récréés ; mais bien plus encore le récit que tu viens de nous faire. Que les Dieux bénissent tous les inſtans de ta vie » ! Et pleins d'un ſentiment religieux, nous portâmes nos pas au Temple d'Apollon.

L'Hoſpitalité.

PHILÉMON ET BAUCIS.

P HILÉMON & BAUCIS, par des déſirs
  conſtans,
Avoient uni leurs cœurs dès leur plus doux
  printems.
Eux ſeuls ils compoſoient toute leur république,
Heureux de ne devoir à pas un Domeſtique,
Le plaiſir ou le gré des ſoins qu'ils ſe ren-
  doient.

Tout vieillit : sur leur front les rides s'éten-
    doient.

L'amitié modéra leurs feux sans les détruire,

Et par des traits nouveaux fut toujours se
    produire.

Ils habitoient un Bourg plein de gens dont
    le cœur

Joignoit aux duretés un sentiment moqueur.

Jupiter résolut d'abolir cette engeance.

Il part avec son fils, le Dieu de l'éloquence.

Tous deux en Pélerins vont visiter ces lieux.

Mille logis y sont, un seul ne s'ouvre aux
    Dieux.

Prêts enfin de quitter un séjour si profane,

Ils virent à l'écart une étroite cabane,

Demeure hospitaliere, humble & chaste
    maison.

Mercure frappe, on ouvre; aussi-tôt Philémon

Vient au-devant des Dieux, & leur tient ce
    langage :

Vous me semblez tous deux fatigués du
    voyage.

Reposez-vous. Usez du peu que nous
    avons.

D iij

L'aide des Dieux a fait que nous le confer-
      vons.
Baucis, ne tardez point. Faites tiédir cette
      onde ;
Encor que le pouvoir au défir ne réponde,
Nos Hôtes agréeront les foins qui leur font
      dus.
Quelques reftes du feu fous la cendre épan-
      dus,
D'un fouffle haletant par Baucis s'allumerent;
Des branches de bois fec auffi-tôt s'enflam-
      merent.
L'onde tiede, on lava les pieds des voyageurs;
Philémon les pria d'excufer ces longueurs :
Et pour tromper l'ennui d'une attente im-
      portune ,
Il entretint les Dieux, non point fur la For-
      tune ,
Sur fes jeux, fur la pompe & la grandeur
      des Rois;
Mais fur ce que les champs, les vergers &
      les bois,
Ont de plus innocent, de plus doux, de
      plus rare :

Cependant par Baucis le feſtin ſe prépare.
La table où l'on ſervit le champêtre repas ,
Fut d'ais non façonnés à l'aide du compas ;
Encore aſſure-t-on , ſi l'hiſtoire en eſt crue ,
Qu'en un de ſes ſupports le tems l'avoit
    rompue.
Baucis en égala les appuis chancelans
Des débris d'un vieux vaſe , autre injure du
    tems.
Un tapis tout uſé couvrit deux eſcabelles ;
Il ne ſervoit pourtant qu'aux Fêtes ſolem-
    nelles.
Le linge orné de fleurs fut couvert pour tout
    mets ,
D'un peu de lait , de fruits , & des dons de
    Cérès.
Les divins voyageurs , altérés de leur courſe ,
Mêloient au vin groſſier le criſtal d'une
    ſource.
Plus le vaſe verſoit , moins il s'alloit vuidant.
Philémon reconnut ce miracle évident.
Baucis n'en fit pas moins. Tous deux s'age-
    nouillerent ,
A ce ſigne d'abord leurs yeux ſe deſſillerent.

Jupiter leur parut avec ces noirs sourcils

Qui font trembler les Cieux sur leurs poles
assis.

Grand Dieu , dit Philémon , excusez notre
faute !

Quels humains auroient cru recevoir un tel
Hôte ?

Ces mêts, nous l'avouons, sont peu délicieux,

Mais quand nous serions Rois , que donner
à des Dieux ?

C'est le cœur qui fait tout. Que la terre &
que l'onde

Apprêtent un repas pour les Maîtres du
monde ,

Ils lui préféreront les seuls présens du cœur.

Baucis sort, à ces mots, pour réparer l'erreur.

Dans le verger couroit une perdrix privée ,

Et par de tendres soins dès l'enfance élevée.

Elle en veut faire un mêts , & la poursuit en
vain ,

La volatile échappe à sa tremblante main.

Entre les pieds des Dieux elle cherche un
asyle.

Ce recours à l'oiseau ne fut pas inutile.
Jupiter intercede. Et déja les vallons
Voyoient l'ombre en croiffant, tomber du
    haut des monts.
Les Dieux fortent enfin, & font fortir leurs
    Hôtes.
De ce bourg, dit Jupin, je veux punir les
    fautes.
Suivez-nous:toi Mercure, appelle les vapeurs.
O gens durs! vous n'ouvrez vos logis, ni vos
    cœurs.
Il dit: & les Autans troublent déjà la plaine.
Nos deux époux fuivoient, ne marchant
    qu'avec peine.
Un appui de rofeau foulageoit leurs vieux
    ans.
Moitié fecours des Dieux, moitié peur, fe
    hâtans,
Sur un mont affez proche enfin ils arriverent.
A leurs pieds, auffi-tôt cent nuages creverent.
Des Miniftres du Dieu, les efcadrons flottans,
Entraînerent fans choix, animaux, habitans,
Arbres, maifons, vergers, toute cette de-
    meure.

Sans veſtiges du Bourg, tout diſparut ſur
  l'heure.
Les vieillards déploroient ces ſéveres deſtins.
Les animaux périr ! car encor les humains
Tous avoient dû tomber ſous les céleſtes
  armes ;
Baucis en répandit en ſecret quelques larmes.
Cependant l'humble toit devient marbre , &
  ſes murs
Changent leur fréle enduit en marbres les
  plus durs.
De pilaſtres maſſifs les cloiſons revêtues ;
En moins de deux inſtans s'élevent juſqu'aux
  nues.
Nos deux époux ſurpris , étonnés , confondus,
Se crurent par miracle en l'Olympe rendus.
Vous comblez , dirent-ils , vos moindres
  créatures.
Aurions-nous bien le cœur & les mains aſſez
  pures ,
Pour préſider ici ſur les honneurs divins ,
Et Prétres, vous offrir les vœux des Pélerins ?
Jupiter exauça leur priere innocente.

Hélas! dit Philémon, si votre main puissante
Vouloit favoriser jusqu'au bout deux mortels,
Ensemble nous mourrions en servant vos
    Autels.
La mort feroit d'un coup ce double sacrifice.
D'autres mains nous rendroient un vain &
    triste office.
Je ne pleurerois point celle-ci, ni ses yeux
Ne troubleroient non plus, de leurs larmes,
    ces lieux.
Jupiter, à ce vœu, fut encor favorable.
Mais oserai-je dire un fait presque incroyable?
Un jour qu'assis tous deux dans le sacré parvis
Ils contoient cette histoire aux Pélerins ravis,
La troupe, à l'entour d'eux, debout, prêtoit
    l'oreille ;
Philémon leur disoit : Ce lieu plein de mer-
    veille,
N'a pas toujours servi de Temple aux Im-
    mortels.
Un Bourg étoit autour ennemi des Autels.
Gens barbares, gens durs, habitacle d'impies,
Du céleste courroux tous furent les hosties.

Il ne resta que nous d'un si triste débris :
Vous en verrez tantôt l'histoire en nos
    lambris.
Jupiter l'y peignit. En contant ces annales,
Philémon regardoit Baucis par intervalles.
Elle devenoit arbre, & lui tendoit les bras.
Il veut lui tendre aussi les siens, & ne peut
    pas.
Il veut parler, l'écorce à sa langue pressée.
L'un & l'autre se dit adieu de la pensée.
Leur corps n'est tantôt plus que feuillage &
    que bois.
D'étonnement la troupe, ainsi qu'eux, perd
    la voix.
Même instant, même sort à la fin les entraîne.
Baucis devint tilleul, Philémon devint chêne.
On va les voir encore, afin de mériter
Les douceurs qu'en hymen Amour leur fit
    goûter.

La Probité récompensée.

PERRIN avoit reçu le jour en Bretagne, dans un Village auprès de Vitré. Né pauvre, & ayant perdu son pere & sa mere avant de pouvoir en bégayer les noms, il dut sa subsistance à la charité publique. Il apprit à lire & à écrire. Son éducation ne s'étendit pas plus loin. A l'âge de quinze ans, il servit dans une petite Ferme, où on lui confia le soin des troupeaux. Lucette, une jeune Paysanne du voisinage, fut, dans le même-temps, chargée de ceux de son pere. Elle les conduisoit dans des pâturages où elle voyoit souvent Perrin, qui lui

E

rendoit tous les petits services qu'on peut rendre à son âge & dans sa situation. L'habitude de se voir, leurs occupations, leur bonté mutuelle, leurs soins officieux les attacherent l'un à l'autre. Perrin se proposa de demander Lucette en mariage à son pere. Lucette y consentit, mais elle ne voulut pas être présente à cette visite. Elle devoit aller le lendemain à la Ville ; elle pria Perrin de choisir cet instant, & de venir le soir au-devant d'elle, pour lui apprendre comment il auroit été reçu.

Le jeune homme, au temps marqué, vola chez le pere de Lucette, & lui déclara, avec franchise, qu'il aimoit sa fille, & qu'il voudroit bien l'épouser. Tu aimes ma fille,

interrompit brufquement le vieillard ! Tu voudrois l'époufer ! Y
fonges-tu, Pèrrin ? comment fe-
ras-tu ? As-tu des habits à lui donner, une maifon pour la recevoir,
& du bien pour la nourrir ? Tu
fèrs, tu n'as rien. Lucette n'eft pas
affez riche pour fournir à ton en-
tretien & au fien. Perrin, ce n'eft
pas ainfi qu'on fe met en ménage.
—J'ai des bras, je fuis fort, on ne
manque jamais de travail quand on
l'aime ; & que ne ferai-je point
quand il s'agira de foutenir Lucette !
Jufqu'à préfent j'ai gagné cinq écus
tous les ans, j'en ai amaffé vingt :
ils feront les frais de la noce ; j'en
travaillerai davantage, mes épargnes
augmenteront, je pourrai prendre
une petite Ferme. Les plus riches

Habitans de notre Village ont commencé comme moi ; pourquoi ne réuſſirois-je pas comme eux ? — Eh bien, tu es jeune, tu peux attendre encore ; deviens riche, & ma fille eſt à toi ; mais juſqu'à ce moment, ne m'en parle pas.

Perrin ne put obtenir d'autre réponſe, il courut chercher Lucette ; il la rencontra bientôt ; il étoit triſte. Elle lut ſur ſon viſage la nouvelle qu'il venoit lui annoncer. — Mon pere t'a donc refuſé ? — Ah Lucette que je ſuis malheureux d'être né ſi pauvre ! Mais je n'ai pas perdu toute eſpérance. Ma ſituation peut changer. Ton mari n'auroit rien épargné pour te procurer de l'aiſance ; ferai-je moins pour devenir ton mari ? Va, nous ferons unis un jour. Conferve-moi toujours ton cœur ; fouviens-toi que tu me l'as donné.

En parlant ainfi ils étoient toujours fur la route de Vitré. La nuit qui s'avançoit les preffoit de regagner leurs maifons ; ils alloient fort vîte. Perrin fait un faux pas, & tombe. En fe relevant, fes mains cherchent ce qui a caufé fa chûte, c'étoit un fac affez pefant. Il le ramaffe ; curieux de favoir ce qu'il contient, il entre avec Lucette dans un champ où brûloient encore des racines auxquelles les Laboureurs avoient mis le feu pendant le jour. A la clarté qu'elles répandent, il ouvre le fac, & y trouve de l'or. Que vois-je, s'écria Lucette ! Ah Perrin, tu es devenu riche !

— Quoi Lucette, je pourrois te posséder ! Le Ciel, favorable à nos desirs, m'auroit-il envoyé de quoi satisfaire ton pere, & nous rendre heureux ? Cette idée verse la joie dans leurs ames : ils contemplent avidement leur tréfor, puis après s'être regardés un moment avec tendreffe, ils se mettent en chemin pour aller fur le champ le montrer au vieillard. Ils étoient près de fa maison, lorfque Perrin s'arrête. — Nous n'attendons notre bonheur que de cet or, dit-il à Lucette, mais eft-il à nous ? Sans doute il appartient à quelque Voyageur ; la Foire de Vitré vient de finir. Un Marchand en retournant chez lui, l'a vraifemblablement perdu : dans ce moment où nous

nous livrons à la joie , il eſt peut-
être en proie au déſeſpoir le plus
affreux. — Ah Perrin , ta réflexion
eſt terrible ! Le malheureux gémit
ſans doute. Pouvons-nous jouir de
ſon bien ? Le haſard nous l'a fait
trouver ; mais le retenir eſt un vol.
— Tu me fais frémir........ Nous
allions le porter à ton pere , il nous
auroit rendus heureux ; mais peut-
on l'être du malheur d'autrui? Allons voir Monſieur le Recteur ,
(c'eſt le nom que les Bretons donnent à leurs Curés) , il a toujours
eu mille bontés pour moi ; il m'a
placé dans la Ferme où je ſers. Je
ne dois rien faire ſans le con-
ſulter.

Le Recteur étoit chez lui. Perrin
lui remit le ſac qu'il avoit trouvé ,

E iv

& avoua qu'il l'avoit regardé d'a-
bord comme un préfent du Ciel.
Il ne cacha point fon amitié pour
Lucette , & l'obftacle que fa pauvreté mettoit à leur union. Le Paf-
teur l'écoute avec bonté. Il les regarde l'un & l'autre. Leur procédé
l'attendrit. Il voit toute l'ardeur de
leur tendreffe , & admire la probité qui lui eft encore fupérieure.
Il applaudit à leur action. — Perrin,
conferve toujours les mêmes fentimens. Le Ciel te bénira ; nous
retrouverons le maître de cet or ;
il récompenfera ta probité. J'y join-
drai quelques-unes de mes épargnes;
tu pofféderas Lucette. Je me charge
d'obtenir l'aveu de fon pere. Vous
méritez d'être l'un à l'autre. Si l'argent que tu dépofes entre mes

mains, n'eſt point réclamé, c'eſt un bien qui appartient aux pauvres ; tu l'es, je croirai ſuivre l'ordre du Ciel en te le rendant, il en a déjà diſpoſé en ta faveur.

Les deux jeunes gens ſe retirerent ſatisfaits d'avoir fait leur devoir, & remplis des douces eſpérances qu'on leur donnoit. Le Recteur fit crier dans ſa Paroiſſe le ſac qu'on avoit perdu ; il le fit afficher enſuite à Vitré, & dans tous les Villages voiſins. Pluſieurs hommes avides ſe préſenterent ; mais aucun n'indiqua la ſomme, ni l'eſpece de monnoie, ni le ſac qui la contenoit.

Pendant ce tems, le Recteur n'oublia pas qu'il avoit promis à Perrin de s'occuper de ſon bon-

heur. Il lui fit avoir une petite
Ferme, la monta de beftiaux &
des inftrumens néceffaires au labou-
rage; & deux mois après il le maria
avec Lucette. Les deux époux, au
comble de leurs vœux, remercie-
rent avec ardeur le Ciel & le Recteur. Perrin étoit laborieux. Lucette
s'occupoit de fon ménage ; ils
étoient exacts à payer le Propriétaire de leur Ferme ; ils vivoient
médiocrement du furplus, & fe
trouvoient heureux.

L'or perdu ne fut point réclamé
pendant deux ans. Le Recteur ne
jugea pas qu'il fallût attendre davantage, il le porta au couple vertueux qu'il avoit uni. Mes enfans,
leur dit-il, jouiffez du bienfait de
la Providence, & n'en abufez pas.

Ces douze mille francs font actuellement fans produit, vous pouvez en faire ufage. Si par hafard vous en découvriez le maître, vous devriez fans doute les lui rendre. Faites-en un emploi, qui, les changeant feulement de nature, n'en diminue point la valeur. Perrin fuivit ce confeil. Il fe propofa d'acquérir la Ferme qu'il tenoit à bail. Elle étoit à vendre. On l'eftimoit un peu plus de douze mille francs; mais en payant comptant, on pouvoit efpérer de l'avoir à ce prix. Cet argent, qu'il ne regardoit que comme un dépôt, ne pouvoit être mieux placé; & fi le maître fe retrouvoit un jour, il n'auroit pas à fe plaindre.

Le Recteur approuva ce projet.

L'acquisition fut bientôt faite. Le Fermier, devenu Propriétaire, donna une plus grande valeur à son terrein. Ses champs mieux cultivés devinrent plus fertiles. Il vécut dans cette douce aisance qu'il avoit eu l'ambition de procurer à Lucette. Deux enfans bénirent successivement leur union. Ils prenoient plaisir à se voir revivre dans ces tendres gages de leur amour. En revenant des champs, Perrin trouvoit sa femme qui venoit au-devant de lui, & lui présentoit ses enfans. Il les embrassoit l'un & l'autre, les quittoit pour serrer son épouse dans ses bras, puis revenoit encore à eux pour les accabler tour-à-tour de caresses. L'un essuyoit la sueur dont son front étoit couvert, l'autre essayoit de le soulager du poids du hoyau qu'il portoit. Perrin sourioit de ses foibles efforts, le caressoit de nouveau, & rendoit graces au Ciel qui lui avoit donné une épouse tendre & des enfans qui lui ressembloient.

Quelques années après, le vieux Recteur mourut. Perrin & Lucette le pleurerent. Ils songeoient avec attendrissement à ce qu'ils lui devoient. Cet événement les fit réfléchir sur eux-mêmes. Nous mourrons aussi, disoient-ils, notre Ferme restera à nos enfans. Elle n'est pas à nous. Si celui à qui elle appartient revenoit, il en seroit privé pour toujours ; nous emporterions le bien d'autrui au tombeau. Ils ne pouvoient soutenir cette idée.

Leur délicatesse leur fit écrire une déclaration qu'ils déposerent entre les mains du nouveau Recteur, & qu'ils firent signer par les plus notables Habitans du Village. Cette précaution qu'ils jugeoient nécessaire, pour assurer une restitution à laquelle ils croyoient leurs enfans obligés, les tranquillisa.

Il y avoit dix ans qu'ils étoient établis. Perrin, après un travail pénible, revenoit un jour dîner avec son épouse, il vit passer sur la grande route deux hommes dans une voiture, qui versa à quelques pas de lui. Il courut porter du secours. Il offrit les chevaux de sa charrue pour transporter les malles. Il pria les Voyageurs de venir se reposer chez lui. Ils n'étoient point blessés.

Ce lieu-ci m'est bien funeste, s'écria l'un d'eux, je ne puis y passer sans éprouver des malheurs. J'y ai fait, il y a douze ans, une perte assez considérable. Je revenois de la Foire de Vitré, j'emportois douze mille francs en or, que j'ai perdus. Comment, lui dit Perrin, qui l'écoutoit avec attention, avez-vous négligé de faire des recherches pour les retrouver ? — Cela ne me fut pas possible, je me rendois à l'Orient, où je devois m'embarquer pour les Indes. Le temps pressoit ; le vaisseau, prêt à mettre à la voile, ne m'auroit point attendu ; je ne pus faire des perquisitions sans doute inutiles, qui, en retardant mon départ, m'auroient apporté un préjudice beaucoup plus grand que la perte que j'avois faite.

Ce difcours fait treffaillir Perrin.
Il s'empreffe davantage auprès du
Voyageur. Il le conjure d'accepter
l'afyle qu'il lui offre. Sa maifon
étoit la plus prochaine & la plus
propre habitation du lieu. On cede
à fes inftances. Il marche le premier pour montrer le chemin. Il
rencontre bientôt fa femme, qui,
felon fon ufage, venoit au-devant
de lui. Il lui dit d'aller promptement préparer un dîner pour fes
Hôtes. En attendant le repas, il
leur préfente des rafraîchiffemens,
& fait retomber la converfation fur
la perte dont l'un s'eft plaint. Il
ne doute plus que ce ne foit à lui
qu'il doit une reftitution. Il va
chercher le nouveau Recteur, l'informe de ce qu'il vient d'apprendre,

l'invite à partager le dîner de fes Hôtes, & à leur tenir compagnie. Celui-ci l'accompagne, & ne ceſſe d'admirer la joie que ce bon Payſan a d'une découverte qui doit le ruiner.

On dîne. Les Voyageurs ſatisfaits ne ſavent comment reconnoître l'accueil que leur fait Perrin. Ils admirent ſon petit ménage, ſon bon cœur, ſa franchiſe, l'air ouvert de Lucette, ſa candeur, ſon activité ; ils careſſent les enfans. Perrin, après le repas, leur montre ſa maiſon, ſon potager, ſa bergerie, ſes beſtiaux, les entretient de ſes champs & de leur produit. Tout cela vous appartient, dit-il enſuite au premier Voyageur. L'or que vous avez perdu eſt tombé entre mes mains. Voyant qu'il n'étoit point réclamé, j'en ai acheté cette Ferme, dans le dessein de la remettre un jour à celui qui y a de véritables droits. Elle est à vous. Si j'étois mort avant de vous trouver, M. le Recteur a un écrit qui constate votre propriété.

L'Etranger, surpris, lit l'écrit qu'il lui remet. Il regarde Perrin, Lucette & ses enfans. Où suis-je, s'écrie-t-il enfin, & que viens-je d'entendre ? Quel procédé ! Quelle vertu ! Quelle noblesse ! Et dans quel état les trouvé-je ! Avez-vous quelque autre bien que cette Ferme, ajouta-t-il ? — Non ; mais si vous ne la vendez point, vous aurez besoin d'un Fermier, & j'espere que vous me donnerez la préférence. — Votre probité mérite une autre récompense. Il y a douze ans que j'ai perdu la somme que vous avez trouvée. Depuis ce temps, Dieu a béni mon commerce, il s'eſt étendu, il a proſpéré ; je ne me ſuis pas reſſenti long-temps de ma perte ; cette reſtitution aujour-d'hui ne me rendroit pas plus riche. Vous méritez cette petite fortune. La Providence vous en a fait pré-ſent , ce ſeroit l'offenſer que de vous l'ôter. Conſervez-la , elle vous appartient ; & , s'il le faut, je vous la donne. Vous pouviez la garder , je ne la réclamois point. Quel homme eût agi comme vous !

Il déchira auſſi-tôt l'écrit qu'il tenoit dans ſes mains. Une ſi belle action, ajouta-t-il, ne doit point être ignorée. Il n'eſt pas beſoin d'un nouvel acte pour aſſurer ma ceſſion, votre propriété & celle de vos enfans; je le ferai cependant écrire pour perpétuer le ſouvenir de vos ſentimens & de votre honnêteté.

Perrin & Lucette tomberent aux pieds du Voyageur; il les releva & les embraſſa. Un Notaire qui fut mandé, écrivit cet acte, le plus beau qu'il eût rédigé de ſa vie. Perrin verſoit des larmes de tendreſſe & de joie. Mes enfans, s'écrioit-il, baiſez la main de votre bienfaiteur. Lucette, ce bien eſt à nous; & nous pouvons en jouir ſans trouble & ſans remords.

Le bon Fils.

Monsieur de **** allant joindre son Régiment, il y a dix à douze ans, s'occupa, pendant sa route, à faire quelques Recrues dont il avoit besoin pour completter sa Compagnie. Il trouva plusieurs hommes dans une petite Ville, où il demeura une semaine. L'avant-veille de son départ, il se présenta encore un jeune homme de la plus haute taille, & de la figure la plus intéressante. Il avoit un air de candeur & d'honnêteté qui prévenoit pour lui. Monsieur de **** ne put s'empêcher, à la première vue, de souhaiter d'avoir

cet homme dans fa Compagnie.
Il le vit trembler en demandant
qu'on l'engageât. Il prit ce mouvement pour l'effet de la timidité,
& peut-être de l'inquiétude que
peut avoir un jeune homme qui
fent le prix de la liberté, & qui
ne la vend pas fans regrets. Il lui
montra fes foupçons, en tâchant
de le raffurer. Ah! Monfieur, lui
dit le jeune homme, n'attribuez
pas mon défordre à d'indignes mo-
tifs. Il ne vient que de la crainte
d'être refufé. Vous ne voudrez peut-
être pas de moi, & mon malheur
feroit affreux. Il lui échappa quelques larmes en achevant ces mots.
L'Officier ne manqua pas de l'affu-
rer qu'il feroit enchanté de le fatis-
faire, & lui demanda vîte quelles

étoient ses conditions ? Je ne vous les propose qu'en tremblant, répondit le jeune homme, elles vous dégoûteront peut-être : je suis jeune, vous voyez ma taille, j'ai de la force, je me sens toutes les dispositions nécessaires pour servir, mais la circonstance malheureuse dans laquelle je me trouve, me force de me mettre à un prix que vous trouverez sans doute exorbitant. Je ne puis rien en diminuer. Croyez que sans des raisons trop pressantes, je ne vendrois point mon service : mais la nécessité m'impose une loi rigoureuse ; je ne puis vous suivre, à moins de cinq cens livres, & vous me percez le cœur si vous me refusez. Cinq cens livres, reprit l'Officier ? la

fomme eſt conſidérable , je l'avoue ;
mais vous me convenez , je vous
crois de la bonne volonté , je ne
marchanderai point avec vous , je
vais vous compter votre argent.
Signez , & tenez-vous prêt à partir
après-demain avec moi.

Le jeune homme parut pénétré
de la facilité de M. de **** Il
ſigna gaiement ſon engagement ,
& reçut les cinq cens livres avec
autant de reconnoiſſance que s'il
les avoit eues en pur don. Il pria
ſon Capitaine de lui permettre d'aller remplir un devoir ſacré , & lui
promit de revenir à l'inſtant. M.
de **** crut remarquer quelque
choſe d'extraordinaire dans ce jeune
homme. Curieux de s'éclaircir , il
le ſuivit ſans affeétation. Il le vit
voler

voler à la prifon de la Ville , frapper avec une vivacité fingulière à la porte , & fe précipiter dedans auffi-tôt qu'elle fut ouverte. Il l'entendit dire au Geolier : Voilà la fomme pour laquelle mon pere a été arrêté , je la dépofe entre vos mains ; conduifez-moi vers lui , que j'aie le plaifir de brifer fes fers. L'Officier s'arrête un moment pour lui laiffer le temps d'arriver feul auprès de fon pere , & s'y rend enfuite après lui. Il voit ce jeune homme dans les bras d'un vieillard , qu'il couvre de fes careffes & de fes larmes , à qui il apprend qu'il vient d'engager fa liberté pour lui procurer la fienne. Le prifonnier l'embraffe de nouveau. L'Officier attendri s'avance. Confolezvous, dit-il au vieillard, je ne vous enleverai point votre fils. Je veux partager le mérite de son action. Il est libre ainsi que vous, & je ne regrette point une somme dont il a fait un si noble usage. Voilà son engagement, & je le lui remets. Le pere & le fils tombent à ses pieds ; le dernier refuse la liberté qu'on lui rend. Il conjure le Capitaine de lui permettre de le suivre ; son pere n'a plus besoin de lui ; il ne pourroit que lui être à charge. L'Officier ne peut le refuser. Le jeune homme a servi le temps ordinaire. Il a toujours épargné sur sa paye quelques petits secours qu'il a fait passer à son pere ; & lorsqu'il a eu le droit de demander son congé, il en a

profité pour aller servir ce vieillard
qu'il nourrit actuellement du travail
de ses mains.

Les malheurs de la guerre & les avantages de la paix.

Le Voyageur & le Berger.

Le Berger.

Que fais-tu Voyageur ?

Le Voyageur.

   Je cherchois un ombrage ;
Et vois ce qu'en ces lieux j'ai trouvé sous
   mes pas ;
  D'une colonne éparse en mille éclats ,
Le marbre enseveli sous la ronce sauvage.

Le Berger.

C'est un tombeau détruit.

LE VOYAGEUR.

Tiens, dans ce lac fangeux,
Ne vois-je pas encore une urne renverfée ?
Allons-y.

LE BERGER, (*retirant l'urne du bourbier.*)

La voilà.

LE VOYAGEUR, (*en la confidérant avec
effroi.*)

Que vois-je, juftes Dieux ?
Quelle fcene d'horreur fur ce vafe eft
      tracée !
Le feu dévorant les hameaux,
Les enfans écrafés fous les pieds des chevaux,
De morts & de mourans les campagnes
      jonchées,
Et le long des fillons, le fang, à grands
      ruiffeaux,
    Roulant les moiffons arrachées.

(*Il rejette l'urne avec un mouvement d'indignation.*)

Celui de qui la tombe aime à fe furcharger

De ces peintures inhumaines,
N'eſt ſûrement pas un Berger.

LE BERGER.

C'eſt un monſtre. La paix faiſoit fleurir ces
plaines,
Le cruel vint les ravager.
L'homme y reſpiroit libre , il l'accabla de
chaînes.
Tel qu'on voit un loup affamé
S'élancer en hurlant ſur des troupeaux ti-
mides ;
Contre un peuple ingénu , paiſible & dé-
ſarmé ,
Il tournoit , à grands cris , ſes armes homi-
cides.
Les mains teintes encor du ſang de nos aïeux,
Croyant éterniſer ſa funeſte victoire ,
Lui-même il s'éleva ce monument pompeux :
Il vouloit , l'inſenſé! que nos derniers neveux
Pûſſent maudire ſa mémoire.
Et voilà cependant ſon tombeau renverſé.
Voilà dans le bourbier ſa cendre croupiſſante.

L'infecte le plus vil rampe, fans épouvante,
    Le long de fon glaive émouffé.
    Le fouvenir de fes excès impies,
Eft tout ce qui furvit de fa folle grandeur.

Sans qu'une voix au Ciel s'éleve en fa fa-
    veur,

Ses manes criminels font en proie aux Furies;
    Tout mort qu'il eft , fon nom eft en
    horreur.

Non, quand on m'offriroit la puiffance
    fuprême,

    S'il me falloit l'acheter à ce prix,
    J'aime mieux vivre en paix avec moi-
    même,

Et n'avoir pour tout bien que deux feules
    brebis :

Encore aux immortels irois-je en offrir une
Pour les remercier de mon humble fortune.

LE VOYAGEUR.

Eloignons-nous, Berger. Ces objets odieux
Ont pénétré mon cœur d'une trifteffe amere.

LE BERGER.

Eh bien, fuis-moi. Si la vertu t'eſt chere,
Un plus beau monument va s'offrir à tes
yeux.

LE VOYAGEUR.

Eſt-ce d'un autre Roi ?

LE BERGER.

C'eſt celui de mon pere.
(Il le conduit alors, par de rians ſentiers,
Vers une paiſible chaumiere
Que protégeoient de grands arbres
fruitiers.)

LE VOYAGEUR.

Les beaux lieux, mon ami ! mais vois, la
nuit s'avance,
Il ne me reſte qu'un moment,
Hâtons-nous vers le monument.

LE BERGER.

Jette les yeux ſur cette plaine immenſe.
Vois tu ces vignobles féconds ?

Les troupeaux difperfés fur ces gras pâ-
     turages ?
Vois-tu ces bords couverts de fertiles moif-
     fons ?
               Et ces jardins , & ces bocages ?
Voilà le monument que mon pere a laiffé.
          Nos champs , ravagés par la guerre,
N'offroient qu'un fol défert de ronces hé-
     riffé :
Il vint , & l'abondance enrichit cette terre.
Trop fage pour chercher de frivoles hon-
     neurs ,
Il creufa fon tombeau fous cette informe
     pierre ;
     Mais tous les jours nous la couvrons
     de fleurs.
Des Dieux, par fes bienfaits , il fut l'augufte
     image ;
Il recevra, comme eux , notre éternel hom-
     mage ,
     Et fes Autels font dans nos cœurs.

Hiſtoire d'un Peuple malheu-reux par le crime, & heu-reux par la vertu.

Il y avoit en Arabie un petit Peuple appellé Troglodite. Il deſcendoit de ces anciens Troglodites, qui, ſi nous en croyons les Hiſtoriens, reſſembloient plutôt à des bêtes qu'à des hommes. Ceux-ci n'étoient point ſi contrefaits, ils n'étoient point velus comme des ours, ils ne ſiffloient point ; mais ils étoient ſi méchans & ſi féroces, qu'il n'y avoit parmi eux aucun principe d'é-quité ni de juſtice.

Ils avoient un Roi d'une origine étrangere, qui, voulant corriger la

méchanceté de leur naturel, les trai-
toit féverement ; mais ils conjure-
rent contre lui, le tuerent, & exter-
minerent toute la Famille Royale.

Le coup étant fait, ils s'affem-
blerent pour choifir un Gouverne-
ment ; & après bien des diffen-
tions, ils créerent des Magiftrats.
Mais à peine les eurent-ils élus,
qu'ils leur devinrent infupportables ;
& ils les maffacrerent encore.

Ce Peuple, libre de ce nouveau
joug, ne confulta plus que fon naturel fauvage. Tous les particuliers
convinrent qu'ils n'obéiroient plus
à perfonne ; que chacun veilleroit
uniquement à fes intérêts, fans con-
fulter ceux des autres.

Cette réfolution unanime flattoit
extrêmement tous les particuliers.

Ils difoient : Qu'ai-je affaire d'aller me tuer à travailler pour des gens dont je ne me foucie point ? Je penferai uniquement à moi , je vivrai heureux ; que m'importe que les autres le foient ? Je me procurerai tous mes befoins , & pourvu que je les aie , je ne me foucie point que tous les autres Troglodites foient miférables.

On étoit dans le mois où l'on enfemence les terres. Chacun dit : Je ne labourerai mon champ que pour qu'il me fourniffe le bled qu'il me faut pour me nourrir ; une plus grande quantité me feroit inutile ; je ne prendrai point de la peine pour rien.

Les terres de ce petit Royaume n'étoient pas de même nature : il

y en avoit d'arides & de mon-
tagneufes ; & d'autres, qui, dans
un terrein bas, étoient arrofées de
plufieurs ruiffeaux. Cette année, la
féchereffe fut très-grande, de maniere que les terres qui étoient dans
des lieux élevés, manquerent ab-
folument ; tandis que celles qui
purent être arrofées, furent très-
fertiles. Ainfi, les Peuples des
montagnes périrent prefque tous
de faim, par la dureté des autres
qui leur refuferent de partager la
récolte.

L'année d'enfuite fut très-plu-
vieufe. Les lieux élevés fe trouverent d'une fertilité extraordinaire,
& les terres baffes furent fubmer-
gées. La moitié du Peuple cria une
feconde fois famine ; mais ces mi-

férables

férables trouverent des gens auſſi durs qu'ils l'avoient été eux-mêmes.

Un des principaux Habitans avoit une femme fort belle. Son voiſin en devint amoureux, & l'enleva. Il s'émut une grande querelle, & après bien des injures & des coups, ils convinrent de s'en remettre à la déciſion d'un Troglodite, qui, pendant que la République ſub-ſiſtoit, avoit eu quelque crédit. Ils allerent à lui, & voulurent lui dire leurs raiſons. Que m'importe, dit cet homme, que cette femme ſoit à vous, ou à vous ? J'ai mon champ à labourer ; je n'irai peut-être pas employer mon temps à terminer vos différens, & à tra-vailler à vos affaires, tandis que je négligerai les miennes. Je vous

G

prie de me laisser en repos, & de ne plus m'importuner de vos querelles. Là-dessus il les quitta, & s'en alla travailler sa terre. Le ravisseur, qui étoit le plus fort, jura qu'il mourroit plutôt que de rendre cette femme ; & l'autre pénétré de l'injustice de son voisin, & de la dureté du Juge, s'en retournoit désespéré, lorsqu'il trouva dans son chemin une femme jeune & belle, qui revenoit de la fontaine. Il n'avoit plus de femme, celle-là lui plut ; & elle lui plut bien davantage, lorsqu'il apprit que c'étoit la femme de celui qu'il avoit voulu prendre pour Juge, & qui avoit été si peu sensible à son malheur. Il l'enleva & l'emmena dans sa maison.

Il y avoit un homme qui possédoit un champ assez fertile, qu'il
cultivoit avec grand soin. Deux de
ses voisins s'unirent ensemble, le
chasserent de sa maison, & occu-
perent son champ. Ils firent entre
eux une union pour se défendre
contre tous ceux qui voudroient
l'usurper; & effectivement ils se
soutinrent par-là pendant plusieurs
mois. Mais un des deux, ennuyé
de partager ce qu'il pouvoit avoir
tout seul, tua l'autre, & devint
seul maître du champ. Son empire ne fut pas long. Deux autres
Troglodites vinrent l'attaquer; il
se trouva trop foible pour se défendre, & il fut massacré.

Un Troglodite, presque tout nud,
vit de la laine qui étoit à vendre. Il

en demanda le prix. Le Marchand dit en lui-même : Naturellement je ne devrois efpérer de ma laine qu'autant d'argent qu'il en faut pour acheter deux mefures de bled ; mais je la vais vendre quatre fois davantage, afin d'avoir huit mefures. Il fallut en paffer par-là, & payer le prix demandé. Je fuis bien aife, dit le Marchand, j'aurai du bled à préfent. Que dites-vous, reprit l'acheteur ? Vous avez befoin de bled ? J'en ai à vendre. Il n'y a que le prix qui vous étonnera peut-être ; car vous faurez que le bled eft extrêmement cher, & que la famine regne prefque par-tout ; mais rendez-moi mon argent, & je vous donnerai une mefure de bled ; car je ne veux pas m'en dé-

faire autrement, dûssiez-vous cre-
ver de faim.

Cependant une maladie cruelle
ravageoit la contrée. Un Médecin
habile y arriva du pays voisin, &
donna ses remedes si à propos,
qu'il guérit tous ceux qui se mirent dans ses mains. Quand la maladie eut cessé, il alla chez tous
ceux qu'il avoit traités, demander
son salaire ; mais il ne trouva que
des refus. Il retourna dans son pays,
& il y arriva accablé des fatigues
d'un si long voyage. Mais bientôt
après, il apprit que la même maladie se faisoit sentir de nouveau,
& affligeoit plus que jamais cette
terre ingrate. Ils allerent à lui cette
fois, & n'attendirent pas qu'il vint
chez eux. « Allez, leur dit-il,

hommes injuftes, vous avez dans l'ame un poifon plus mortel que celui dont vous voulez guérir ; vous ne méritez pas d'occuper une place fur la terre, parce que vous n'avez point d'humanité, & que les règles de l'équité vous font inconnues. Je croirois offenfer les Dieux qui vous puniffent, fi je m'oppofois à la juftice de leur colere «. L'épidémie fut fi violente, qu'il n'y eut que deux familles qui échappèrent au malheur de la Nation.

Il étoit refté dans ces deux familles, deux hommes bien finguliers. Ils avoient de l'humanité, ils connoiffoient la juftice, ils aimoient la vertu. Autant liés par la droiture de leur cœur, que par la corruption de celui des autres, ils voyoient la

désolation générale, & ne la ref-
sentoient que par la pitié. C'étoit
le motif d'une union nouvelle. Ils
travailloient, avec une follicitude
commune, pour l'intérêt commun.
Ils n'avoient de différens que ceux
qu'une douce & tendre amitié faifoit naître, & dans l'endroit du
pays le plus écarté, féparés de leurs
Compatriotes indignes de leur pré-
fence, ils menoient une vie heureufe & tranquille. La terre fem-
bloit produire d'elle-même, culti-
vée par ces vertueufes mains.

Ils aimoient leurs femmes, & ils
en étoient tendrement chéris. Toute
leur attention étoit d'élever leurs
enfans à la vertu. Ils leur repréfen-
toient fans ceffe les malheurs de
leurs Compatriotes, & leur met-

toient devant les yeux cet exemple
fi trifte. Ils leur faifoient fur-tout
fentir que l'intérêt des particuliers
fe trouve toujours dans l'intérêt
commun; que vouloir s'en féparer,
c'eft vouloir fe perdre; que la vertu
n'eft point une chofe qui doive
nous coûter; qu'il ne faut point
la regarder comme un exercice pénible; & que la juftice pour autrui
eft une charité pour nous.

Ils eurent bientôt la confolation
des peres vertueux, qui eft d'avoir
des enfans qui leur reffemblent. Le
jeune peuple qui s'éleva fous leurs
yeux, s'accrut par d'heureux maria-
ges. Le nombre augmenta, l'union
fut toujours la même; & la vertu,
bien loin de s'affoiblir dans la mul-
titude, fut fortifiée au contraire par

un plus grand nombre d'exemples.

Qui pourroit repréfenter ici le bonheur de ces Troglodites ? Un peuple fi jufte devoit être chéri des Dieux. Dès qu'il ouvrit les yeux pour les connoître , il apprit à les craindre ; & la Religion vint adoucir dans les mœurs ce que la nature y avoit laiffé de trop rude.

Ils inftituerent des Fêtes en l'honneur des Dieux. Les jeunes filles ornées de fleurs , & les jeunes garçons , les célébroient par leurs danfes , & par les accords d'une mufique champêtre. On faifoit enfuite des feftins où la joie ne régnoit pas moins que la frugalité. C'étoit dans ces affemblées que parloit la nature naïve ; c'étoit là qu'on apprenoit à donner le cœur & à le re-

G v

cevoir ; c'étoit-là que les tendres meres se plaisoient à prévoir de loin pour leurs filles , une union douce & fidelle.

On alloit au Temple pour demander les faveurs des Dieux. Ce n'étoit pas les richesses & une onéreuse abondance. De pareils souhaits étoient indignes des heureux Troglodites ; ils ne savoient les desirer que pour leurs Compatriotes. Ils n'étoient aux pieds des Autels que pour demander la santé de leurs peres, l'union de leurs freres, la tendresse de leurs femmes, l'amour & l'obéissance de leurs enfans. Les filles y venoient apporter le tendre sacrifice de leur cœur , & ne demandoient d'autre grace, que celle de pouvoir rendre un Troglodite heureux.

Le soir, lorsque les troupeaux quittoient les prairies, & que les bœufs fatigués avoient ramené la charrue, ils s'assembloient; & dans un repas frugal, ils chantoient les injustices des premiers Troglodites, leurs malheurs, la vertu renaissante avec un nouveau peuple, & sa félicité. Ils célébroient les grandeurs des Dieux, leurs faveurs toujours présentes aux hommes qui les implorent, & leur colere inévitable à ceux qui ne les craignent pas. Ils décrivoient ensuite les délices de la vie champêtre, & le bonheur d'une condition toujours parée de l'innocence. Bientôt ils s'abandonnoient à un sommeil que les soins & les chagrins n'interrompoient jamais.

G vj

La nature ne fourniſſoit pas moins à leurs deſirs qu'à leurs beſoins. Dans ce pays heureux, la cupidité étoit étrangere. Ils ſe faiſoiënt des préſens, où celui qui donnoit croyoit toujours avoir l'avantage. Le peuple Troglodire ſe regardoit comme une ſeule famille. Les troupeaux étoient preſque toujours confondus. La ſeule peine qu'on s'épargnoit ordinairement, c'étoit de les partager.

Un d'eux diſoit un jour : Mon pere doit demain labourer ſon champ ; je me leverai deux heures avant lui, & quand il ira à ſon champ, il le trouvera tout labouré.

Un autre diſoit en lui-même : Il me ſemble que ma ſœur a du goût pour ce jeune Troglodire ;

il faut que je parle à mon pere, & que je le détermine à faire ce mariage.

On vint dire à un autre que des Voleurs avoient enlevé son troupeau: J'en suis fâché, dit il, car il y avoit une génisse toute blanche que je voulois offrir aux Dieux.

On entendoit dire à un autre : Il faut que j'aille au Temple remercier les Dieux; car mon frere, que mon pere aime tant, & que je chéris si fort, a recouvré la santé.

Ou bien : Il y a un champ qui touche à celui de mon pere, & ceux qui le cultivent sont tous les jours exposés aux ardeurs du soleil. Il faut que j'aille y planter deux arbres, afin que ces pauvres gens

puiſſent aller quelquefois ſe repo-
ſer ſous leur ombre.

Un jour que pluſieurs Troglodites étoient aſſemblés , un vieillard
parla d'un jeune homme qu'il ſoup-
çonnoit d'avoir commis une mau-
vaiſe action , & lui en fit des re-
proches. Nous ne croyons pas qu'il
ait commis ce crime, dirent les jeunes Troglodites; mais, s'il l'a fait ,
puiſſe-t-il mourir le dernier de ſa
famille !

On vint dire à un Troglodite ,
que des Étrangers avoient pillé ſa
maiſon , & avoient tout emporté.
S'ils n'étoient pas injuſtes , répon-
dit-il , je ſouhaiterois que les Dieux
leur en donnaſſent un plus long
uſage qu'à moi.

Tant de prospérités ne furent pas regardées sans envie. Les Peuples voisins s'assemblerent ; &, sous un vain prétexte, ils résolurent d'enlever leurs troupeaux. Dès que cette résolution fut connue, les Troglodites envoyerent au-devant d'eux des Ambassadeurs qui leur parlerent ainsi :

Que vous ont fait les Troglodites ? Ont-ils enlevé vos femmes, dérobé vos bestiaux, ravagé vos campagnes ? Non. Nous sommes justes, & nous craignons les Dieux. Que demandez-vous donc de nous ? Voulez-vous de la laine pour vous faire des habits ? Voulez-vous du lait de nos troupeaux, ou des fruits de nos terres ? Mettez bas les armes, venez au milieu de nous &

nous vous donnerons de tout cela. Mais nous jurons, par ce qu'il y a de plus facré, que, fi vous entrez dans nos terres comme ennemis, nous vous regarderons comme un Peuple injufte, & que nous vous traiterons comme des bêtes farouches.

Ces paroles furent renvoyées avec mépris; ces Peuples fauvages entrerent armés dans la terre des Troglodites, qu'ils ne croyoient défendus que par leur innocence. Mais ils étoient bien difpofés à la défenfe. Ils avoient mis leurs femmes & leurs enfans au milieu d'eux. Ils furent étonnés de l'injuftice de leurs ennemis, & non pas de leur nombre. Une ardeur nouvelle s'étoit emparée de leur cœur. L'un

vouloit mourir pour son pere, &
un autre pour sa femme & ses enfans ; celui-ci pour ses freres, celui-là pour ses amis ; tous pour le
Peuple Troglodite. La place de
celui qui expiroit étoit d'abord
prise par un autre, qui, outre la
cause commune, avoit encore une
mort particuliere à venger.

Tel fut le combat de l'injustice
& de la vertu. Ces Peuples lâches,
qui ne cherchoient que le butin,
n'eurent pas honte de fuir, & cédant à la vertu des Troglodites,
ils les laisserent dès-lors jouir en
paix de leur bonheur.

Heureux le père d'un si bon fils!

Myrtile ayant ramené des champs son troupeau, étoit allé, un soir, se promener dans la prairie voisine. Le calme profond des campagnes éclairées par la douce lumiere de la lune, le souffle d'un vent frais, & les tendres accens du rossignol, le retinrent long-temps plongé dans une rêverie délicieuse. Il revint enfin vers sa cabane; & comme il passoit sous un berceau de pampres verds qui en décore l'entrée, il trouva son pere qui sommeilloit paisiblement au clair de la lune. Le vieillard étoit couché sur le gazon, tenant sa tête blanchissante appuyée sur une de ses mains. Myrtile s'arrêta devant lui, les bras croisés contre sa poitrine. Sa vue restoit constamment attachée sur son pere. Seulement il regardoit de temps en temps le Ciel à travers le feuillage, & des larmes de joie couloient de ses yeux.

O mon pere, dit-il, toi que j'honore le plus après les Dieux, comme tu reposes doucement ! Que le sommeil du juste est tranquille ! Tu as sans doute porté tes pas chancelans hors de ta cabane pour célébrer le soir par de saints cantiques, & le sommeil t'aura surpris après ta priere. Tu auras aussi prié pour moi. Ah que je suis heureux ! Les Dieux t'écoutent d'une oreille favorable ; car, autrement, pourquoi notre cabane feroit-elle ombragée par des arbres courbés fous le poids de leurs fruits? Pourquoi la bénédiction du Ciel feroit-elle fur nos troupeaux & fur les productions de nos champs? Lorf-que fatisfait de mes foibles foins pour le repos de ta vieilleffe, tu verfes des larmes de joie, lorfque tournant tes regards vers le Ciel, tu me donnes ta bénédiction d'un air content, de quels doux fenti-mens je fuis pénétré! Encore au-jourd'hui, quittant mes bras, pour aller te ranimer à la chaleur du foleil: Mon fils, difois-tu, que le Ciel, pour te récompenfer, te faffe vivre à jamais heureux dans ces campagnes chéries! Mes regards affoiblis n'ont pas encore long-temps à les parcourir. Bientôt je les quitterai pour d'autres campagnes plus heureuses...... Ah mon pere ! Ah mon meilleur ami ! Je vais donc bientôt te perdre.... Il se tut un moment, & regarda le bon vieillard avec des yeux mouillés de larmes. Mais non, reprit-il, ta vieillesse est encore robuste. Les Dieux te laisseront encore sur la terre pour faire le bien, pour m'apprendre à le faire, quand tu ne seras plus. Il dit, & craignant pour lui les vents frais du soir, & la rosée humide, il lui baise le front pour l'éveiller doucement, & le conduit dans sa cabane, pour lui procurer un sommeil plus commode.

LA SAIGNÉE,

PROVERBE DRAMATIQUE.

Personnages.

M. Dormel.

Madame Dormel.

Dormel l'aîné, fils, âgé de 20 ans.

Sophie, fille de M. Dormel, âgée de 18 ans.

Dormel le cadet, âgé de 6 ans.

Le Comte de Saint-Bon.

Un Laquais du Comte, Personnage muet.

La Scene est à Paris, dans la maison de M. Dormel.

Le Théâtre représente une Chambre des plus délabrées. On y voit quel-

ques vieux meubles usés, un chevalet dressé, sur lequel est un tableau commencé, une table à écrire, &c. Dans le fond est une couchette sur laquelle est un enfant endormi ; elle est couverte d'une mauvaise tapisserie.

SCENE PREMIERE.

Madame DORMEL, SOPHIE, DORMEL, le cadet.

Madame Dormel file au grand rouet sur le devant du Théâtre. Son fils est à côté d'elle, & carde du coton. La lassitude le force d'interrompre son travail, qu'il reprend ensuite avec vivacité. Sa mere jette sur lui par intervalles des regards de pitié.

Sophie tricotte auprès de la couchette où eft fon plus jeune frere. Elle eft placée vis-à-vis de la porte qu'elle regarde auffi de temps en temps d'un air inquiet & rêveur.

Il eft environ trois heures après midi.

Sophie leve un peu la tapifferie qui couvre la couchette.

(*A part*). Etre à jeun depuis hier fept heures, & dormir d'un fommeil fi tranquille ! Qu'il eft heureux ! ,

Madame DORMEL. Dort - il , Sophie ?

SOPHIE. Oui , ma mere.

Madame DORMEL. Puiffe-t-il dormir encore long-temps, le pauvre malheureux !

malheureux ! Que je crains fon
réveil ! Où eft allé votre pere ?

SOPHIE. Il a dit qu'il alloit demander quelque à-compte fur les
deffus de porte qu'il a entrepris.

Madame DORMEL. Quoi, il n'eft
pas de retour, depuis neuf heures
qu'il eft parti ! Que deviendrons-
nous fi fa courfe eft inutile ?

SOPHIE. Cela n'eft pas à craindre. Qui eft-ce qui pourroit être
infenfible à notre infortune ?

Madame DORMEL. Ah, ma pauvre Sophie, que tu connois peu
les hommes ! Qu'eft-ce fur la terre
qu'un Artifan malheureux, qu'un
homme du petit peuple ?

SOPHIE. Mais enfin , c'eft fon

bien qu'il va demander , c'eſt le prix de ſon travail.

Madame Dormel. Cela eſt vrai , ma fille ; mais ſes travaux ne ſont pas entierement finis , & il faut qu'ils le ſoient pour qu'il puiſſe en exiger le paiement.

Sophie. L'ouvrage eſt au moins bien avancé , & celui à qui il a affaire eſt ſi riche !

Madame Dormel. Si riche ! Eh ! les plus riches ſont les plus impitoyables. L'homme pour le-quel il travaille , eſt un homme de rien , que j'ai vu dans la derniere indigence. Il étoit alors notre égal , & l'ami de votre pere. Il a voulu l'aſſocier à ſon commerce......... Mais , Dieux , quel commerce !

Combien la pauvreté, toute affreuse qu'elle est, lui est préférable! Votre pere a refusé; pouvoit-il faire autrement? Il est resté pauvre, l'autre a fait fortune; mais son cœur s'est endurci. Votre pere a perdu son ami, il en a été méconnu. C'est par une grace singuliere qu'il veut bien, depuis quelque temps, lui donner de l'emploi, acheter au prix le plus modique, le fruit de ses sueurs & de ses veilles.

SOPHIE. Cela est-il possible? Etre riche, & sans pitié pour les pauvres, encore après avoir éprouvé toutes les horreurs du besoin! Pour moi, je vous avouerai qu'il ne m'est pas possible de le comprendre.

Madame Dormel. Tant mieux, ma fille, toutes tes penſées ſont honnêtes & généreuſes. Puiſſes-tu ne jamais changer !

(*Il ſe fait un inſtant de ſilence après lequel on entend ſonner 3 heures*).

Le petit Dormel, *interrompant ſon ouvrage*. Maman, voilà trois heures qui ſonnent, eſt-ce que nous ne dînons pas aujourd'hui ?

Madame Dormel. *ſéverement.* Dormel, qu'eſt-ce que cela veut dire ? Votre pere & votre frere ſont ſortis ; eſt ce que vous voudriez dîner ſans eux ?

Le petit Dormel. Oh, non, maman : mais ils ont peut-être dîné, nous ne ſavons pas où ils ont été ; enfin.........

Madame DORMEL. Eh bien , dans cette incertitude , dîneriez-vous tranquillement ?

Le petit DORMEL. Oh non, maman.... Mais c'est qu'il est bien tard... & il se pourroit bien que...

Madame DORMEL. Taisez-vous. Ils sont à jeun aussi bien que vous. D'ailleurs, ne voyez-vous pas que j'attends, moi ? Votre sœur en fait autant, & votre petit frere....... N'êtes-vous pas plus en état de supporter le besoin que lui ? Il ne se plaint pas cependant.

Le petit DORMEL. Oui , maman; ... mais c'est que ... j'ai bien faim. (*il dit ces dernieres paroles en pleurant de toutes ses forces*).

Madame DORMEL, *en allant à*

lui les larmes aux yeux. Mon enfant, mon cher enfant, tranquillise-toi... allons... quelques efforts. Ton pere va rentrer. Il nous apportera de quoi dîner ; crois que je fouffre autant que toi de ta peine.

Le petit Dormel , *l'embraffe en effuyant fes larmes.* Oh non , maman, ne fouffrez pas , je vous en prie ; car je fouffrirois bien davantage , moi : tenez , je ne pleure plus , voilà qui eft fini. Eft-ce que je ne peux pas me paffer de dîner auffi bien que vous ? Que je me veux de mal d'avoir pleuré ! Mais c'eft malgré moi...... Je m'en vais travailler fi fort, qu'il faudra bien que j'oublie que j'ai faim. (*Il fe remet à fon ouvrage , & travaille avec plus d'ardeur*).

Madame DORMEL, *reprenant son ouvrage*. Mon malheur est-il assez grand ? Ah Ciel ! Comment le supporter ?

SOPHIE. Mon pere ne vient point. S'il lui étoit arrivé quelque malheur !

Madame DORMEL. Je devine celui qui lui est arrivé. On l'aura refusé, & il ne peut se déterminer à paroître ici les mains vuides... Mais c'est votre frere, c'est Dormel qui me surprend. A quelle heure est-il sorti ?

SOPHIE. Dès la pointe du jour.
Madame DORMEL. Qui l'auroit cru ? Lui en qui j'avois toujours reconnu des sentimens si dignes de son éducation, nous abandonner

en de pareilles circonſtances , lorſque nous avons le plus beſoin de
ſon ſecours ! Je ne m'y ſerois jamais attendue.

SOPHIE. Que cela ne vous at-
triſte pas , ma mere; c'eſt ſûrement
pour un bon deſſein qu'il eſt ſorti.
Je connois l'excellence de ſon
cœur. Je ſais combien il eſt pénétré
de notre triſte ſituation. Il eſt allé
y chercher du remede & ſeconder
les efforts de mon pere.

Madame DORMEL. Que fera-t-il
ſans appui , ſans ſecours , ſans con-
noiſſances ?

SOPHIE. Nos beſoins le rendront
induſtrieux. Il paroiſſoit au déſeſpoir.

Madame DORMEL. Que dis tu ?

Ah ! Sophie, ah ma chere fille ! S'il alloit se déshonorer, c'est ce coup-là qui me seroit mortel. On supporte tous les maux..... Mais l'infamie.....

SOPHIE. Ne craignez rien, je connois mon frere.

Madame DORMEL. Ton pere n'aura pu réussir. Il va revenir accablé de douleur, de fatigue & de faim.

SOPHIE. Je souffre plus pour lui que pour moi.

Madame DORMEL. Mes chers enfans, l'état de votre pere me perce l'ame. Il faut avoir recours au dernier des moyens, à celui qui déchire un cœur sensible ; il faut que Dormel me prête ici son se-cours.

Le petit DORMEL. Moi, maman? Commandez, je suis prêt à tout faire.

Madame DORMEL. C'est bien, mon fils, embrassez-moi... Dormel, mon cher fils... Dure nécessité! à quoi me réduis-tu?... Il faut que tu ailles implorer l'assistance des hommes, que tu leur arraches, par tes instances & par tes larmes, quelque légere portion de leur superflu..... Tu trouveras des méchans qui ne croient pas qu'il soit possible d'être pauvre & estimable, qui repous-sent impitoyablement les malheu-reux; mais peut-être aussi rencon-treras-tu quelque homme vraiment digne de ce nom, qui voudra bien jetter sur nous un regard de commisération, & nous retirer, au moins pour un temps, de l'état affreux où nous sommes.

Le petit DORMEL, *après l'avoir écoutée avec la plus grande attention.* Maman, n'est-ce pas ce qu'on appelle demander l'aumône ?

Madame DORMEL. Ah Ciel ! (*haut*). Oui, mon fils.

Le petit DORMEL. Cela me fera bien de la peine de demander l'aumône. Faudra-t-il demander à tout le monde ?

Madame DORMEL. Oui, mon fils, à tous le monde, à tous ceux que tu verras en état de t'assister.

Le petit Dormel. C'eſt qu'il y en'a qui ſont ſi durs & ſi rebutans, qui traitent ſi mal les pauvres ! Je voudrois bien ne leur point demander à ceux-là.

Madame Dormel. Que veux-tu, mon fils ? Il n'eſt pas poſſible de les diſtinguer. Demande avec inſtance, les cœurs ne s'émeuvent guere à la premiere ſecouſſe, ſans te rendre cependant importun. Sois humble ſans avoir l'air bas & rampant.

Le petit Dormel , *triſtement.* Allons donc , embraſſez-moi , maman.

Madame Dormel *l'embraſſant.* Va, mon fils ; ſi la vie de ton pere & celle de tes freres & ſœurs n'y

étoit

étoient pas attachées, je n'exigerois pas un pareil sacrifice. (*Le petit Dormel sort en pleurant*).

S C E N E I I.

Madame DORMEL, SOPHIE.

SOPHIE *le regardant sortir, les larmes aux yeux.* Le pauvre enfant ! Non, il n'est personne que sa figure ne touche, que ses larmes n'attendrissent. Cette humiliation lui coûte beaucoup.

S C E N E I I I.

Madame DORMEL & SOPHIE *restent long-temps en silence.* Monsieur DORMEL.

M. DORMEL *entre d'un air sombre, il est pâle & défait. Ses habits an-*

I

noncent la plus grande misere. Ah
ma femme ! Ah ma fille ! il nous
faut mourir. (*Il s'assied & regarde
de tous côtés d'un air égaré.*) Où
est donc mon cadet ? Dormel est-il
de retour ?

Madame D O R M E L. Mon cher
mari, j'en avois un secret pressen-
timent. Tu n'as rien obtenu.

M. D O R M E L, *avec fureur.* Tout
accès à la pitié est fermé dans le
cœur des hommes ... Un misérable
que j'ai bien voulu honorer de
mon amitié dans des temps plus
heureux ..... J'étois à mon aise
alors ; il étoit pauvre & homme
de bien... En changeant de mœurs,
il a fait fortune..... Que la terre
l'engloutisse ! Le scélérat ! il me

vole lâchement le fruit de mes travaux, il nous porte à tous le coup de la mort.

Madame Dormel. Comment! il ne veut pas vous payer?

M. Dormel. Le monftre! il invoque à fon fecours la lettre de la Loi pour m'affaffiner... Achevez votre ouvrage, je vous payerai; jufques-là je ne dois rien : voilà fon unique réponfe. En vain lui ai-je repréfenté l'excès de ma mifere, qu'il ne m'étoit pas poffible de travailler fans me nourrir, que je me contenterois de la moitié du prix de l'ouvrage, que je regarderois ce fecours, s'il le jugeoit à propos, comme un don; il a été fourd à toutes mes prieres. Je

ne dois rien, m'a-t-il reparti dure-
ment, & je n'ai point d'aumône
à vous faire.... J'infiſtois. Qu'on
me débarraſſe de cet importun,
a-t-il dit à ſes gens ; & ſur le champ
on me porte dans la rue à demi-
mort d'épuiſement & d'indignation.

Madame DORMEL. Remettez-
vous, mon cher ami ; n'aigriſſez
point nos maux en vous appeſan-
tiſſant ſur les vôtres. J'ai envoyé
votre cadet par la Ville ; peut-être
ſera-t-il aſſez heureux pour nous
trouver quelque ſecours.

M. DORMEL. N'eſpere rien, ma
chere. Ah des hommes, des hommes ! Non, il n'en eſt plus, il n'eſt
que des bêtes féroces. Ton état
a-t-il pu me permettre d'oublier ce

moyen ? Il est vrai que je l'ai rejetté
long-temps. La honte, te l'avoue-
rai-je, l'amour-propre, l'orgueil...
ces différentes passions ont long-
temps combattu dans mon cœur ;
ma tendresse pour toi , pour ces
chers enfans , l'a enfin emporté.
Je me suis adressé au premier pas-
sant. Je l'aborde les larmes aux yeux ,
la physionomie renversée : J'ai une
femme & quatre enfans qui font
dans le besoin le plus pressant , lui
ai-je dit d'une voix basse & d'un
ton mal articulé. Travaillez , me
répond brusquement cet homme,
vous le pouvez encore ; il n'est
point de métier qui ne soit plus
honnête que celui que vous faites.
En même-temps il tire de sa
poche une bourse des mieux four-

nies, y cherche la plus petite des monnoies & me la met dans la main. J'étois immobile de dépit. Je voulois parler, mais ma langue étoit glacée, & il étoit déjà bien loin, lorsque j'en ai recouvré l'usage.

Sophie. Un homme riche insulter la misére, & ne la pas secourir ! A qui donc s'adresser ?

M. Dormel. A personne, ma fille. Quand on est aussi malheureux que nous le sommes, il faut savoir mourir..... Mais Dormel m'étonne, il n'a pas accoutumé de s'absenter si long-temps, ni de sortir si matin.

Madame Dormel. C'est ce que je disois à l'instant. Je ne puis croire

qu'il ait eu deſſein de nous abandonner.

M. Dormel. Je ne le crois pas
non plus. Mais devoit-il ſortir
dans une circonſtance auſſi fâcheuſe
lorſque ſon ſecours nous eſt ſi
néceſſaire ? Ne ſait-il pas que la
plus légere interruption de ſon travail nous fait un tort irréparable ?
Non, il ne s'excuſera jamais.

Sophie. J'entends quelqu'un,
c'eſt ſûrement lui. (*Elle va à la*
porte).

M. Dormel. Qu'il ne paroiſſe
pas devant mes yeux.,

SCENE IV.

M. Dormel, Madame Dormel, Sophie, Dormel, l'aîné. *Il a l'air foible & abattu, ses bras sont entourés de linges, il porte deux pains & une bouteille de vin.*

Dormel, l'aîné, *jettant les pains sur la table, & mettant la bouteille à terre.* Tenez, mangez ; ils me coûtent bien cher ! Je n'en puis plus. *Il se laisse aller sur un vieux coffre.*

M. Dormel. Qu'est-ce à dire ? Seroit-ce le fruit d'un crime ! Ah malheureux !

Dormel, l'aîné. Mangez, vous dis-je, je suis digne de vous.

M. DORMEL. Mais encore, que signifie l'état où vous voilà ?

Madame DORMEL. Des bandages, des linges, du sang ! Vous seriez-vous battu ?

SOPHIE. Ah ma mere ! Il s'est fait saigner. Tenez, voilà une ligature défaite. Le sang coule de son bras.

DORMEL, fils. Mon pere !.... Ma mere ! Ma sœur ! C'étoit pour vous donner du pain.

M. & Madame DORMEL., *ensemble.* Ah, mon fils !

SOPHIE. Ah, mon frere !

(*Ils s'approchent de Dormel & l'embraffent étroitement. Sophie refferre fa ligature.*)

SCENE DERNIERE.

M. & Madame Dormel, Sophie, Dormel, l'aîné, le Comte De Saint-Bon, Dormel, le cadet, un Domestique du Comte *portant quelques provisions.*

Le Comte De Saint-Bon. Où sont-ils ces pauvres malheureux ? Comment ont-ils pu se cacher si long-tems à mes yeux ?

Dormel, le cadet. Les voilà, Monsieur,... c'est mon pere..... c'est ma mere..... Ils meurent de faim.

Madame Dormel, *au Comte.* Hélas, Monsieur, que votre générosité est touchante ! Nous en sentons tout le prix : mais comment en pourrions - nous jouir, tandis que ce cher enfant, le mortel le plus respectable ... est près d'expirer ?... Ah ! si vous saviez...

Le petit Dormel. Mon cher frere, comme vous voilà ! *Il court à son frere.*

Le Comte, *à Dormel, l'aîné.* Comment ! vous auroit-on maltraité ?

Dormel, fils, *d'une voix foible & interrompue.* Non, Monsieur, je n'ai pu supporter l'état où se trouve réduite ma malheureuse famille. Je suis sorti ce matin, le désespoir dans l'ame, déterminé à leur trouver du secours, ou à mourir. Je rencontre un de mes amis aussi pauvre, auſſi malheureux que moi. Mon air déſeſpéré l'effraie. Où vas-tu , me dit-il, que t'eſt-il arrivé ? — Ah mon cher ! Ils n'ont pas mangé depuis hier au ſoir... Mon pere ... ma mere.... Je ne ſais où je vais... où je ſuis..... Ils vont mourir. Tiens, mon ami, me dit cet homme vertueux , en me donnant une piece de deux ſols , voilà tout ce que je poſſéde. Si tu voulois gagner de l'argent , je ſais un moyen. — Ah ! dis , je ferai tout ; il eſt honnête ſans doute. Eh bien , me dit ce généreux ami, il y a un particulier qui demeure auprès de l'Ecole de Chirurgie ; il apprend à ſaigner , & il donne de l'argent à ceux qui.... J'entends , ai-je interrompu. Je le quitte à l'inſtant , je vole chez ce particulier. Il me faigne & me donne de l'argent. Je vais chez un autre, on m'en fait autant. Je viens avec ces pains, & je me meurs. Heureux fi ma mort retarde de quelques inftans celle des infortunés à qui je dois le jour.

Le Comte. Ah, mon ami, vous êtes un prodige de vertu ! Mais vous avez un frere qui fe montre votre digne émule...... Ce petit malheureux (*en montrant le petit Dormel*) eft tombé en défaillance à ma porte ; je l'ai fait tranfporter chez moi. Quelques gouttes de liqueur lui ont fait reprendre fes fens. Il meurt d'inanition, dit un Médecin qui étoit alors à la maifon, & fur le champ je lui fais préfenter quelque nourriture. Il la refuse conſtamment. — C'eſt mon pere... c'eſt ma mere qu'il faut ſecourir. Pourrois je manger tandis qu'ils meurent de faim ?

M. Dormel, *attendri.* Ah, mes enfans, vous méritiez un meilleur ſort !

Le Comte. Que leur ſort ne vous inquiete plus, j'en fais actuellement mon affaire. Je bénirai chaque jour l'heureux inſtant où j'ai pu ſecourir des malheureux auſſi peu faits pour l'être. Votre fils n'eſt heureuſement qu'affoibli. A ſon âge, fort comme il le paroît, il ſe tirera aiſément d'affaire.) *Il jette une bourſe ſur la table*). Voilà pour aider à ſa guériſon & à votre ſubſiſtance pendant quelques jours. Dans peu vous aurez de mes nouvelles. Je vais de ce pas … *retenant* M. *Dormel*, & *sa famille qui veulent se jetter à ses pieds*. Point de remercimens, mes chers enfans; ce que je fais m'est bien doux. J'en ai déjà reçu la récompense au fond de mon cœur. (*A Monsieur & à Madame Dormel*). Je ne puis me lasser d'admirer l'effet de l'éducation & des bons exemples que vous avez donnés à vos enfans. Ils me donnent une haute idée de vos sentimens; car, dit le Proverbe, *bon sang ne peut jamais mentir.*

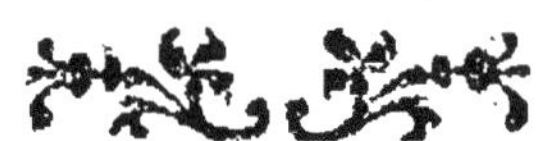

Le petit Berger bienfaisant.

L Y C A S & M Y R T I L.

P O U R réchauffer les glaces de son
âge,
Aux feux naiſſans du jour, devant ſon toît
aſſis,
Lycas vit près de lui Myrtil ſon petit-fils.
Myrtil comptoit déjà le dixieme feuillage,
Et du vieillard les regards attendris
Parmi ſes traits naïfs retrouvoient ſon image.
Il le prit dans ſes bras, & lui parlant des
Dieux,
De ſon petit troupeau, des jeux de ſon
enfance,
Des plaiſirs qu'aux bons cœurs donne la
bienfaiſance,
Il vit, à ce diſcours, des pleurs baigner ſes
yeux.

Tu pleures, lui dit-il ? Ce que tu viens
    d'entendre
Jufqu'à ce point, mon fils, n'émeut pas
    feul ton cœur.
Non, il eft agité d'un fentiment plus tendre ;
Laiffe-m'en, avec toi, partager la douceur.
    Myrtil vouloit fécher fes larmes,
Elles couloient toujours. — Mon pere, ah,
    je fens bien,
  Oui, je le fens, rien n'eft fi plein de char-
    mes,
    Que de pouvoir faire du bien.
— Mais pourquoi donc, Myrtil, détournes-
    tu la vue ?
    Tes pleurs redoublent ; autrefois
Tu m'aurois laiffé lire en ton ame ingénue,
    Tu ne m'aimes plus, je le vois.
——Qui, moi, ne plus t'aimer ! Le croirois-
    tu, mon pere ?
Eh bien, tu fauras tout, je vais te l'avouer.
Si je le fais, au moins ce n'eft, que pour
    te plaire.

Tu me l'as dit souvent : Du bien qu'on a pu faire ,
Doit - on être jaloux de s'entendre louer ?

Ma plus jeune brebis , hier , pendant l'orage ,
    S'étoit perdue au fond du bois.
J'allois pour la chercher ; d'une roche sau-
    vage
J'entends de loin sortir une tremblante voix ;
Je m'approche , c'étoit un vieillard de ton
    âge.
Il portoit sur son dos un fardeau bien pesant ,
    Qu'il fit glisser à terre en soupirant.
Quel sort cruel , dit-il , après un court
    silence !
N'aurai-je donc jamais un moment de repos ?
Faut-il , quand l'homme oisif nage dans
    l'abondance ,
D'un vil pain de douleur , voir payer mes
    travaux ?
Aux ardeurs du midi , sur la terre embrasée ,
    Errant accablé de ce faix ,
    Je trouve enfin , je trouve ce lieu frais ;

Mais rien pour réparer ma vigueur épuiſée.
Mon toît eſt loin encore , & fût-il proche ,
   hélas !
Mes genoux chancelans ſous le poids qui
   m'accable ,
Ne ſauroient plus me traîner à cent pas.
Pourtant contre les Dieux je ne murmure
   pas ,
Ils m'ont tendu toujours une main ſecou-
   rable.
Il dit, & ſur ſon faix il s'étend. Moi ſou-
   dain
  Je vole ici. Sans rien dire à ma mere ,
Je prends des fruits nouveaux , du lait frais
   & du pain ,
  Et cours ſoulager ſa miſere.
Il repoſoit. Sans bruit, j'entre ſous le rocher ,
Je poſe auprès de lui ma coupe & ma cor-
   beille ,
Et parmi des buiſſons je m'en vais me cacher.
  Une heure paſſe , il ſe réveille.
Que le ſommeil , dit-il , eſt un Dieu bien-
   faiſant !

Le soir s'avance , allons ; quittons cette
retraite.

Et reprenant son faix : Dieux ! Comme il est
pesant !

Mais n'a-t-il pas servi pour reposer ma tête ?
Peut-être que les Dieux voudront guider
mes pas.

Je puis dans ces déserts trouver une chaumiere.

A ses côtés alors il voit ma pannetiere ,
Et son fardeau retombe de ses bras.

Malheureux que je suis ! Quel est ce vain
mensonge
Qui m'égare dans mon sommeil ?
Je rêve encore. A mon réveil ,
Tout va fuir.... Mais non, non.... non , ce
n'est point un songe.

Il prend du lait , des fruits : O mortel généreux

Qui te plais à cacher ta noble bienfaisance ,
Reçois le doux transport de ma reconnois-
sance.

Que ne puis-je te voir & t'embrasser ! Grands
    Dieux !

Sur lui , sur tous les siens , répandez l'abon-
    dance.

Je suis rassasié ; mais j'emporte ces fruits.

Je veux que mes enfans , ma femme s'en
    nourrissent ;

Qu'en une voix , ce soir , tous nos cœurs
    réunis ,

Chantent mon bienfaiteur , le chantent, le
    bénissent.

Il se leve à ces mots. Prompt à le devancer ,
A travers les buissons je cours dans la prairie,
Et m'assieds dans un lieu qu'il devoit traverser.

Il m'apperçoit. Mon fils , viens, dis-moi, je
    te prie ,

    Aurois-tu vu quelqu'un passer ?
Non, dis-je , bon vieillard. Mais d'où viens-
    tu ? Sans doute,

    Tu t'es égaré dans ta route ?
— Oui , mon ami ; j'allois au Village pro-
    chain.

Etranger dans ces lieux, je ne les puis connoître.

Je croyois, par ce bois, abréger mon chemin,
Mais il est si défert, que fans un Dieu, peut-
être,
J'y ferois déjà mort & de foif & de faim.
Eh bien à ce Village, allons que je te mene,
Lui dis-je ; fur mon bras appuie un peu ta
main,
Pour me fuivre avec moins de peine.
Si j'étois affez fort, je prendrois ton far-
deau ;
Et je le conduifis jufqu'au prochain Hameau.

Tu l'as voulu favoir. Eh bien ! voilà, mon
pere,
Ce qui de joie encor me fait tout treffaillir.
Ce que j'ai fait ne coûtoit rien à faire ;
Si tu favois pourtant combien j'ai de plaifir
D'avoir, de ce pauvre homme, adouci la
mifere !
Si je fuis fi content pour fi peu, Dieux,
combien

Doit être heureux celui qui fait beaucoup
  de bien !

Le fort peut maintenant me ravir la lumiere,
Dit Lycas, fur fon cœur preffant fon petit-
  fils ;
  Lorfque mes jours feront finis,
La bienfaifance encor vivra dans ma chau-
  miere.

La mauvaife Mere & le bon Fils.

Dans l'une de nos Provinces ma-
ritimes, il y avoit un Intendant qui
s'étoit rendu recommandable par
fon défintéreffement & par fon in-
tégrité. Cet homme de bien, appellé M. de Carandon, mourut
pauvre, & prefque infolvable. Il

avoit laiſſé une fille que perſonne n'épouſoit, parce qu'elle avoit beaucoup d'orgueil, peu d'agrémens, & point de fortune. Un riche & honnête Négociant la rechercha, par conſidération pour la mémoire de ſon pere. Il nous a fait tant de bien, diſoit le bon homme Corée! (c'étoit le nom du Négociant) Il eſt bien juſte que quelqu'un de nous le rende à ſa fille. Corée ſe propoſa donc humblement, & Mademoiſelle de Carandon, avec beaucoup de répugnance, conſentit à lui donner la main, bien entendu qu'elle auroit dans ſa maiſon une autorité abſolue. Le reſpect du bonhomme, pour la mémoire du pere, s'étendoit juſques ſur ſa fille. Il la conſultoit comme ſon oracle,

&

& si quelquefois il lui arrivoit d'avoir un avis différent du sien, elle n'avoit qu'à proférer ces paroles imposantes : Feu Monsieur de Carandon, mon pere..... Corée n'attendoit pas qu'elle achevât pour avouer qu'il avoit tort.

Il mourut assez jeune, & lui laissa deux enfans. Son héritage, suivant ses dernieres dispositions, fut mis en dépôt dans les mains de sa femme, avec le droit fatal de le distribuer à ses enfans, comme bon lui sembleroit. De ces deux enfans, l'aîné faisoit ses délices ; non qu'il fût plus beau, ou plus heureusement né que le cadet, mais il étoit plus hardi & plus impérieux, par conséquent d'un caractere plus ressemblant au sien. Elle

K

avoit enfin, pour l'aimer uniquement, toutes les mauvaifes raifons que peut avoir une mauvaife mere.

Le petit Jacquaut étoit l'enfant de rebut; fa mere ne daignoit prefque pas le voir, & ne lui parloit que pour le gronder. Cet enfant intimidé n'ofoit lever les yeux devant elle, & ne lui répondoit qu'en tremblant. Il avoit, difoit-elle, le naturel de fon pere, une ame du peuple. Pour l'aîné qu'on avoit pris foin de rendre auffi volontaire, auffi mutin, auffi capricieux qu'il étoit poffible, c'étoit la gentilleffe même : fon indocilité s'appelloit hauteur de caractere ; fon humeur, excès de fenfibilité. On s'applaudiffoit de voir qu'il ne cédoit jamais quand il avoit raifon :

or, il faut favoir qu'il n'avoit jamais tort. On ne ceffoit de dire qu'il fentoit fon bien, & qu'il avoit l'honneur de reffembler à Madame fa mere. Cet aîné appellé M. de l'Etang (car on ne crut pas qu'il fût convenable de lui laiffer le nom de Corée), cet aîné, dis-je, eut des maîtres de toute efpece. Les leçons étoient pour lui feul, & le petit Jacquaut en recueilloit le fruit ; de maniere qu'au bout de quelques années, Jacquaut favoit tout ce qu'on avoit enfeigné à M. de l'Etang, qui en revanche ne favoit rien.

Toutes les perfonnes qui vouloient faire leur cour à Madame, s'appercevant de fon foible, lui faifoient croire que fon aîné étoit un prodige. Les maîtres moins complaisans, ou plus mal-adroits, en se plaignant de l'indocilité, de l'inattention de cet enfant chéri , ne tarissoient point sur les louanges de Jacquaut. Ils ne disoient pas précisément que M. de l'Etang fût un sot ; mais ils disoient que le petit Jacquaut avoit de l'esprit comme un Ange. La vanité de la mere en fut blessée ; elle redoubla d'aversion pour ce petit malheureux , devint jalouse de ses progrès , & résolut d'ôter à son enfant gâté , l'humiliation du parallèle.

Une aventure bien touchante réveilla cependant en elle les sentimens de la nature ; mais ce retour sur elle-même l'humilia sans la corriger. Jacquaut avoit dix ans , de l'Etang en avoit près de quinze , lorfqu'elle tomba dangereufement malade. L'aîné s'occupoit de fes plaifirs , & fort peu de la fanté de fa mere. C'eft la punition des meres folles d'aimer des enfans dénaturés. Cependant on commençoit à s'inquiéter. Jacquaut s'en apperçut ; & voilà fon petit cœur faifi de douleur & de crainte. L'impatience de voir fa mere ne lui permet plus de fe cacher. On l'avoit accoutumé à ne paroître que lorfqu'il étoit appellé ; mais enfin fa tendreffe lui donna du courage. Il faifit l'inftant où la porte de la chambre eft entr'ouverte ; il entre fans bruit & à pas tremblans ; il s'approche du lit de fa mere. Eft-ce vous , mon fils , demanda-t-elle ?

— Non, ma mere, c'eſt Jacquaut.

Cette réponſe naïve & accablante , pénétra de honte & de douleur l'ame de cette femme injuſte ; mais quelques careſſes de ſon mauvais fils , rendirent bientôt à celui-ci tout ſon aſcendant ; & Jacquaut n'en fut dans la ſuite ni mieux aimé , ni moins digne de l'être.

A peine Madame Corée fut-elle rétablie , qu'elle reprit le deſſein de l'éloigner de la maiſon. Son prétexte fut que de l'Etang, naturellement vif , étoit trop ſuſceptible de diſſipation pour avoir un compagnon d'étude ; & que les impertinentes prédilections des maîtres pour l'enfant qui étoit le plus humble , ou le plus careſſant avec eux, pouvóit fort bien décourager celui dont le caractere plus haut & moins flexible, exigeoit plus de ménagement. Elle voulut donc que de l'Etang fût l'unique objet de leurs soins, & se défit du malheureux Jacquaut, en l'exilant dans un Collége.

A seize ans, de l'Etang quitta ses maîtres de Mathématiques, de Physique, de Musique, &c. comme il les avoit pris; il commença ses Exercices, qu'il fit à-peu-près comme ses études; & à vingt-ans, il parut dans le monde avec la suffisance d'un sot qui a entendu parler de tout, & qui n'a réfléchi sur rien.

De son côté, Jacquaut avoit fini ses humanités, & sa mere étoit ennuyée des éloges qu'on lui don-

noit. Vous voilà grand, lui dit-elle
un jour, il faut prendre un parti.
Vous croyez peut-être que j'ai de
quoi vous soutenir dans le monde ;
je vous déclare qu'il n'en est rien.
La fortune de votre pere n'étoit
pas aussi considérable qu'on l'imagine ; à peine suffira-t-elle à l'éta-
blissement de votre aîné. Pour vous
Monsieur , vous n'avez qu'à voir
si vous voulez courir la carriere
des bénéfices ou celle des armes ,
vous faire tonsurer, ou casser la
tête, accepter, en un mot, un petit
collet, ou une Lieutenance d'In-
fanterie, c'est tout ce que je puis
faire pour vous. Jacquaut lui répondit qu'il y avoit des partis moins
violens à prendre pour le fils d'un
Négociant. A ces mots, Mademoi-

felle de Carandon faillit à mourir
de douleur d'avoir mis au monde
un fils fi peu digne d'elle, & lui
défendit de paroître à fes yeux. Le
jeune Corée défolé d'avoir encouru
l'indignation de fa mere, fe retira
en foupirant, & réfolut de tenter
fi la fortune lui feroit moins cruelle
que la nature. Il apprit qu'un vaif-
feau étoit fur le point de faire voile
pour les Antilles, où il avoit deffein
de fe rendre. Il écrivit à fa mere
pour lui demander fon aveu, fa
bénédiction, & une pacotille. Les
deux premiers articles lui furent
amplement accordés ; mais le dernier avec économie.

Sa mere fe croyant trop heureufe d'en être débarraffée, voulut
le voir avant fon départ, & en

l'embraſſant lui donna quelques larmes. Son frere eut auſſi la bonté de lui ſouhaiter un heureux voyage. C'étoient les premieres careſſes qu'il avoit reçues de ſes parens. Son cœur ſenſible en fut pénétré. Cependant il n'oſa leur demander de leur écrire ; mais il avoit un camarade de Collége dont il étoit tendrement aimé : il le conjura , en partant , de lui donner quelquefois des nouvelles de ſa mere.

Celle-ci ne fut plus occupée que du ſoin d'établir ſon enfant chéri. Il ſe déclara pour la robe. On lui obtint des diſpenſes d'études , & bientôt il fut admis dans le ſanctuaire des Loix. Il ne falloit plus qu'un mariage avantageux. On propoſa une riche héritiere ; mais on exigea de la veuve la donation de ſes biens. Elle eut la foibleſſe d'y conſentir ; en ſe réſervant à peine de quoi vivre décemment , bien aſſurée que la fortune de ſon fils ſeroit toujours à ſa diſpoſition.

A l'âge de vingt-cinq ans , M. de l'Etang ſe trouva donc un petit Conſeiller tout rond , négligeant ſa femme autant que ſa mere , ayant grand ſoin de ſa perſonne , & fort peu de ſouci des affaires du Palais. Bientôt il n'y eut pas d'excès dans lequel il ne ſe plongeât. Sa fortune diminuoit tous les jours par ſes dépenſes énormes. Cependant comme il croyoit humiliant pour lui de décheoir, il ſe piqua d'honneur, & ne voulut rien rabattre de fon fafte : enforte que dans quelques années il fe trouva qu'il étoit ruiné.

Il en étoit aux expédiens, lorf-que Madame fa mere, qui n'avoit pas mieux ménagé fa réferve, lui écrivit pour lui demander de l'ar-gent. Il lui répondit qu'il étoit au défefpoir ; mais que loin de lui pouvoir envoyer des fecours, il en avoit befoin lui-même. Déjà l'allarme s'étoit répandue parmi les créanciers, & c'étoit à qui fe faifiroit le premier des débris de leur fortune. Qu'ai-je fait ? difoit cette mere défolée ; je me fuis dépouillée de tout pour un fils qui a tout diffipé.

Cependant, qu'étoit devenu l'in-fortuné Jacquaut ? Jacquaut avec

de

de l'efprit, la meilleure ame, la plus jolie figure du monde, & fa petite pacotille, étoit arrivé heureufement à Saint-Domingue. On fait combien un François de bonnes mœurs & de bonne mine, trouve aifément à s'établir dans les Ifles. Le nom de Corée, fon intelligence & fa fageffe, lui acquirent bientôt la confiance des Habitans. Avec les fecours qui lui furent offerts, il acquit lui-même une habitation, la cultiva, la rendit floriffante. Le commerce qui étoit en vigueur, commençoit déjà à l'enrichir, lorfque fon camarade de Collége, qui, jufques-là, ne lui avoit donné que des nouvelles fatisfaifantes, lui écrivit que fon frere étoit ruiné, & que fa mere

L

abandonnée de tout le monde, étoit réduite aux plus affreuses extrémités. Cette lettre fatale fut arrosée de larmes. Ah, ma pauvre mere, s'écria-t-il, j'irai, j'irai vous fecourir! Il ne voulut s'en fier à perfonne. Un accident, une infidélité, la négligence ou la lenteur d'une main étrangere, pouvoient la priver des fecours de fon fils, & la laiffer mourir dans l'indigence & le défefpoir. Rien ne doit retenir un fils, fe difoit-il à lui-même, lorfqu'il y va de l'honneur & de la vie d'une mere.

Avec de tels fentimens, Corée ne fut plus occupé que du foin de vendre tout ce qu'il poffédoit, & le facrifice ne coûta rien à fon cœur. Il s'embarqua, & avec lui toute

fa fortune. Le trajet fut heureux.
Au bout de fix femaines, il arrive
fur les côtes de France ; & ce
digne fils, fans fe permettre une
nuit de repos, fe rend avec fon
tréfor auprès de fa malheureufe
mere. Il la trouve aux bords du
tombeau, & dans un état plus
affreux, pour elle, que la mort
même. Elle étoit dénuée de tout
fecours, & livrée aux foins d'un
Domeftique, qui, rebuté de fouf-
frir l'indigence où elle étoit réduite lui rendoit à regret les derniers foins d'une pitié humiliante.
La honte de fa fituation l'avoit
portée à défendre à ce Domeftique, de recevoir perfonne que
le Prêtre & le Médecin charitable
qui la vifitoient quelquefois.

L ij

Corée demande à la voir, on le refuse. Annoncez-moi, dit-il au Domeſtique. — Et quel eſt votre nom ? — Jacquaut. Le Domeſtique s'approche du lit. Un Étranger, dit-il, demande à voir Madame. — Hélas ! & quel eſt cet Étranger ? — Il dit qu'il s'appelle Jacquaut. A ce nom, ſes entrailles furent ſi émues, qu'elle faillit à expirer. Ah, mon fils, dit-elle, d'une voix éteinte, & en levant ſur lui ſa mourante paupiere ! Ah, mon fils, dans quel moment venez-vous revoir votre mere ! Votre main va lui fermer les yeux. Quelle fut la douleur de cet enfant ſi pieux & ſi tendre, de voir cette mere qu'il avoit laiſſée au ſein du luxe & de l'opulence, de la voir dans un lit entouré de lambeaux, & dont l'image souleveroit le cœur, s'il m'étoit permis de la rendre! O ma mere! s'écria-t-il, en se précipitant sur ce lit de douleurs.... Ses sanglots étoufferent sa voix, & les ruisseaux de larmes dont il inondoit le sein de sa mere expirante, furent long-temps la seule expression de sa douleur & de son amour. Le Ciel me punit, reprit-elle, d'avoir trop aimé un fils dénaturé, d'avoir.... Il l'interrompit. Tout est réparé, ma mere, lui dit ce vertueux jeune homme, vivez. La fortune m'a comblé de biens, je viens les répandre au sein de la Nature. C'est pour vous qu'ils me sont donnés. Vivez, j'ai de quoi vous faire aimer la vie. — Ah, mon cher enfant!

ſi je deſire de vivre , c'eſt pour expier mon injuſtice ; c'eſt pour aimer un fils dont je n'étois pas digne, un fils que j'ai déshérité. A ces mots , elle ſe couvrit le viſage , comme indigne de voir le jour. Ah ! Madame , s'écria-t-il , en la preſſant dans ſes bras, ne me dérobez point la vue de ma mere. Je viens à travers les mers la chercher & la ſecourir. Dans ce moment le Prêtre & le Médecin arriverent. Voilà , dit-elle , mon enfant, les ſeules conſolations que le Ciel m'a laiſſées ; ſans leur charité , je ne ſerois plus. Corée les embraſſe en fondant en larmes. Mes amis, leur dit-il , mes bienfaiteurs ! Que ne vous dois-je pas ? Sans vous je n'aurois plus de mere.

Achevez de la rappeller à la vie. Je fuis riche, je viens la rendre heureufe. Redoublez vos foins, vos confolations, vos fecours; rendez-la moi. Le Médecin vit prudemment que cette fituation étoit trop violente pour la malade. Allez, Monfieur, dit-il à Corée, repofez-vous fur notre zele, & n'ayez plus d'autre foin que de faire préparer un logement commode & fain. Ce foir Madame y fera tranfportée.

Le changement d'air, la bonne nourriture, ou plutôt la révolution qu'avoit faite la joie, & le calme qui lui fuccéda, ranimerent infenfiblement en elle les organes de la vie. Un chagrin profond avoit été le principe du mal, fa confolation en fut le reméde. Corée

L iv

apprit que fon malheureux frere venoit de périr miférablement , mais , par bonheur , fans laiffer d'enfans. On déroba la connoiffance de cette mort à une mere fenfible, & trop foible pour foutenir , fans expirer , un nouvel accès de douleur. Elle l'apprit enfin lorfque fa fanté fut plus affermie. Toutes les plaies de fon cœur fe r'ouvrirent, & les larmes maternelles coulerent de fes yeux. Mais le Ciel, en lui ôtant un fils indigne de fa tendreffe, lui en rendoit un qui l'avoit méritée par tout ce que la nature a de plus fenfible & la vertu de plus touchant. Il avoit laiffé en Amérique une jeune veuve nommée Lucelle , dont il étoit tendrement aimé, & à laquelle il fe difpofoit à s'unir. Il confia à Madame Corée les defirs de fon ame. C'étoit de pouvoir réunir dans fes bras fon époufe & fa mere. Celle-ci faifit avec joie le projet de paffer avec lui en Amérique. Une Ville remplie de fes folies & de fes malheurs, étoit pour elle un féjour odieux ; & l'inftant où elle s'embarqua, lui rendit une nouvelle vie. Le Ciel qui protége la piété, leur accorda des vents favorables. Lucelle reçut la mere de fon amant, comme elle auroit reçu fa mere. L'hymen fit de ces amans les époux les plus fortunés , & leurs jours coulent encore dans cette paix inaltérable , dans ces plaifirs purs & fereins qui font le partage de la vertu.

L v

Le courage de l'amitié.

DEUX Matelots, l'un Efpagnol
& l'autre François, étoient dans
les fers à Alger. Le premier s'ap-
peloit Antonio; Roger étoit le nom
de fon compagnon d'efclavage. Le
hafard voulut qu'ils fuffent em-
ployés aux mêmes travaux. L'amitié eft la confolation des malheureux; Antonio & Roger en éprou-
verent toutes les douceurs. Ils fe
communiquoient leurs peines &
leurs regrets. Ils parloient enfemble de leur famille, de leur patrie,
de la joie qu'ils reffentiroient, fi jamais ils étoient libres. Ils pleuroient
enfin dans le fein l'un de l'autre,

& cet adouciſſement leur ſuffiſoit pour porter leurs chaînes avec plus de courage, & pour ſoutenir les fatigues auxquelles ils étoient condamnés.

Ils travailloient à la conſtruction d'un chemin qui traverſoit une montagne. L'Eſpagnol un jour s'arrête, laiſſe tomber languiſſamment ſes bras, & jette un long regard ſur la mer. Mon ami, dit-il à Roger, avec un profond ſoupir, tous mes vœux ſont au bout de cette vaſte étendue d'eau. Que ne puis-je la franchir avec toi ! Je crois toujours voir ma femme & mes enfans qui me tendent les bras du rivage de Cadix, ou qui donnent des larmes à ma mort. Antonio étoit abſorbé dans cette image accablante. Chaque fois qu'il revenoit à la montagne, sa vue mélancolique s'attachoit sur cet espace immense qui le séparoit de son pays, il formoit les mêmes regrets.

Un jour, il embrasse avec transport son camarade. — J'apperçois un vaisseau, mon ami; tiens, regarde, ne le vois-tu pas comme moi? Il n'abordera point ici, parce qu'on évite les parages Barbaresques; mais demain, si tu veux, Roger, nos maux finiront, nous serons libres. — Nous serons libres? — Oui, demain ce navire passera à deux lieues environ du rivage, & alors du haut de ces rochers nous nous précipiterons dans la mer, & nous atteindrons le vaisseau, ou nous périrons. La mort n'eft-elle pas préférable à une cruelle fervitude? Si tu peux te fauver, répond Roger, je fupporterai avec plus de réfignation mon malheureux fort. Tu n'ignores pas, Antonio, combien tu m'es cher. Cette amitié qui m'attache à toi, ne finira qu'avec ma vie. Je ne te demande qu'une feule grace, mon ami, va trouver mon pere.... Si le chagrin de ma perte & la vieilleffe ne l'ont par fait mourir, dis-lui........ — Que j'aille trouver ton pere, mon cher Roger? Eh que prétends-tu faire? Me feroit-il poffible d'être heureux, de vivre un feul inftant, fi je te laiffois dans les fers? — Mais, Antonio, je ne fais pas nager, & tu le fais, toi.

— Je fais t'aimer, repart l'Espagnol en fondant en larmes & en serrant, avec chaleur, Roger contre sa poitrine, mes jours font les tiens. Nous nous sauverons tous deux. Va, l'amitié me prêtera des forces, tu te tiendras attaché à cette ceinture. — Il est inutile, Antonio, d'y penser. Je ne saurois m'exposer à faire périr mon ami. L'idée seule m'inspire de l'horreur. Cette ceinture m'échapperoit, ou je t'entraînerois avec moi. Je ferois la cause de ta perte. — Eh bien, Roger, nous mourrons ensemble ! Mais pourquoi former ces craintes ? Je te l'ai dit, l'amitié foutiendra mon courage. Je t'aime trop pour qu'elle ne produise pas des miracles. Cesse de combattre mon desfein. Je l'ai réfolu. Je m'apperçois que les monftres qui nous gardent, nous épient. Il y a de nos compagnons même qui feroient affez lâches pour nous trahir. Adieu. J'entends la cloche qui nous rappelle. Il faut nous féparer. Adieu, mon cher Roger, à demain.

Ils font renfermés dans leur bagne. Antonio étoit rempli de fon projet. Il fe voyoit déjà franchiffant la Méditerranée, libre & dans le fein de fes Compatriotes. Il étoit dans les bras de fa femme & de fes enfans. Roger fe préfentoit un tableau bien différent. Son ami, victime de fa générofité, emporté avec lui au fond de la mer, périffant enfin, quand peut-être, en ne s'occupant que de fa feule con-

fervation, il eût pu fe fauver, &
être rendu à une famille, qui,
felon les apparences, gémiffoit &
fouffroit de fon efclavage. Non ,
fe difoit dans fon cœur l'infortuné
François : je ne céderai point aux
follicitations d'Antonio ; je ne lui
cauferai pas la mort, pour prix de
cette amitié fi généreufe qu'il m'a
vouée. Il fera libre. Mon malheureux pere apprendra du moins que
je vis encore, que je l'aime toujours. Hélas ! Je devois être l'appui
de fa vieilleffe, le confoler ! Je lui
étois néceffaire. Peut-être en ce moment expire-t-il dans l'indigence ,
en defirant de voir & d'embraffer
fon fils.... Allons, qu'Antonio foit
heureux, je mourrai avec moins
de douleur.

On ne vint point le lendemain,
à l'heure ordinaire, tirer les Esclaves de la prison. L'Espagnol étoit
dévoré d'impatience, & Roger ne
savoit s'il devoit se réjouir ou
s'affliger de ce contre-temps. Enfin,
on les rend à leurs travaux. Ils ne
pouvoient se parler. Leur Maître ,
ce jour-là, les avoit accompagnés.
Antonio se contentoit de regarder
Roger, & de soupirer. Quelquefois il lui montroit des yeux la
mer, & ne pouvoit, à cet aspect ,
contenir des mouvemens qui
étoient toujours prêts à lui échapper. Le soir arrive. Ils se trouvent
seuls. Saisissons le moment, s'é-
crie l'Espagnol, en s'adressant à
son compagnon , viens. — Non ,
mon ami, jamais je ne pourrai me

résoudre à expofer ta vie. Adieu...
Adieu..... Antonio, je t'embraffe
pour la derniere fois. Sauve-toi ,
je t'en conjure. Ne perds pas de
temps , & fouviens-toi toujours de
notre tendre amitié. Je te prie feulement de me rendre le fervice que
tu m'as promis, à l'égard de mon
pere. Il doit être bien vieux, bien
à plaindre , va le confoler. S'il
avoit befoin de quelque fecours...
mon ami.....

A ces mots Roger tomba dans
les bras d'Antonio, en verfant un
torrent de pleurs. Son ame étoit
déchirée. — Tu pleures, Roger! Ce
n'eft pas des larmes qu'il faut ,
c'eft du courage , ne réfifte plus.
Si tu differes encore d'une minute,
nous fommes perdus. Peut-être ne

retrouverons - nous jamais l'occa-
fion. Choifis , ou laiffe-toi con-
duire, ou je me brife la tête fur ces
rochers.

Le François fe jette aux genoux
de l'Efpagnol , veut encore lui
faire des repréfentations, lui montrer les rifques infaillibles qu'il
court s'il s'obftine à vouloir le
fauver avec lui. Antonio le regarde
tendrement , l'embraffe, gagne le
fommet d'un rocher , & s'élance
avec lui dans la mer. Ils vont
d'abord au fond , reviennent enfuite au-deffus des flots. Antonio
s'arme de toutes fes forces, nage
en retenant Roger qui femble fe
refufer aux efforts de fon ami, &
craindre de l'entraîner dans fa
chûte.

Les personnes qui étoient dans le vaisseau, restoient frappées d'un spectacle qu'elles ne pouvoient distinguer. Elles croyoient qu'un monstre marin s'approchoit du navire. Un nouvel objet détourne leur curiosité. On apperçoit une chaloupe s'empresser de quitter le rivage, & poursuivre, avec précipitation, ce qu'on avoit pris pour quelque poisson monstrueux. C'étoient les Soldats préposés à la garde des Esclaves, qui brûloient de reprendre Antonio & Roger. Celui-ci les voit venir, & en même temps il jette les yeux sur son ami, qui commençoit à s'affoiblir. Il fait un effort, & se détache d'Antonio, en lui disant : On nous poursuit, sauve-toi, & laisse-moi périr ; je retarde ta courfe. A peine a-t-il dit ces mots, qu'il tomboit déjà au fond de la mer. Un nouveau tranfport d'amitié ranime l'Efpagnol. Il s'élance vers le François, le reprend au moment qu'il périffoit, & tous deux difparoiffent.

La chaloupe incertaine de quel côté pourfuivre fa route, s'étoit arrêtée, tandis qu'une barque détachée du navire, alloit reconnoître ce qu'ils n'avoient fait qu'entrevoir. Les flots recommencent à s'agiter. On diftingue enfin deux hommes, dont l'un, qui tenoit l'autre embraffé, s'efforçoit de nager vers la barque. On fait force de rames pour voler à leur fecours. Antonio eft prêt de laiffer échapper Roger. Il entend qu'on lui crie de cette barque. Il ferre fon ami, fait de nouveaux efforts, & faifit, d'une main défaillante, un des bords de la barque. Il eſt prêt à retomber, on les retient tous deux. Les forces d'Antonio étoient épuifées. Il n'a que le temps de s'écrier : Qu'on porte du fecours à mon ami, je me meurs ; & toutes les horreurs de la mort fe répandent fur fon vifage. Roger , qui étoit évanoui , r'ouvre les yeux , leve la tête, & voit Antonio étendu à fes côtés, & ne donnant plus aucun figne de vie. Il s'élance fur fon corps, l'embraſſe, l'inonde de fes larmes, pouſſe mille cris : Mon ami , mon bienfaiteur, c'eſt moi qui fuis ton aſſaſſin ! Mon cher Antonio, tu ne m'entends plus !

C'est donc-là ta récompense de m'avoir sauvé la vie ? Ah ! qu'on se hâte de me l'ôter cette vie malheureuse, je ne puis plus la supporter. J'ai perdu mon ami.

Roger veut se poignarder. On lui arrache une épée dont il s'étoit saisi. Il apprend, au milieu des sanglots, les détails de son aventure, aux gens de la barque. Il retomboit toujours sur le corps d'Antonio. Qu'on ne m'empêche point de mourir ! Oui, mon ami, je vais te suivre, ajoutoit-il, en couvrant le corps pâle de ses baisers & de ses larmes......Ayez pitié de moi, au nom de Dieu, laissez-moi mourir.

Le Ciel, qui sans doute est touché des larmes des hommes,

lorſqu'elles ſont ſinceres, ſemble
donner une marque ſignalée de ſa
bonté en faveur d'une ſentiment ſi
rare. Antonio jette un ſoupir,
Roger pouſſe un cri de joie; on
ſe réunit à lui pour donner du
ſecours au malheureux Eſpagnol.
Enfin, il leve un œil mourant;
ſes premiers regards cherchent à
ſe fixer ſur le François. A peine
l'a-t-il apperçu, qu'il s'écrie : J'ai
pu ſauver mon cher Roger!

La barque revient au vaiſſeau.
Ces deux hommes inſpirent une
ſorte de reſpect à l'équipage, tant
la vertu a de droits ſur tous les
cœurs! Ils excitent un intérêt puiſ-
ſant. Tous ſe diſputent le plaiſir de
les obliger. Roger arrivé en France,
court dans les bras de ſon pere,

qui

qui pensa expirer d'un excès de joie ; & il fut nommé Gondolier de Versailles. L'Espagnol, à qui l'on avoit offert un poste très-avantageux, pour un homme de son état, aima mieux aller rejoindre sa femme & ses enfans ; mais l'absence ne diminua rien de son amitié. Il demeura en correspondance de lettres avec Roger. Ces lettres font des chef-d'œuvres de naïveté & de sentiment. On pourra les rendre un jour publiques pour l'honneur d'un sentiment qui a produit tant d'actions héroïques.

La tendreſſe filiale.

MYRTIL & CHLOÉ.

Le jeune enfant Myrtil, un jour dans la
    prairie,
Trouva ſa jeune ſœur. La jonquille & le
    thym
Se méloient ſous ſes doigts à l'épine fleurie ;
Et des pleurs cependant s'échappoient ſur
    ſon ſein.
Ah te voilà, Chloé, lui dit ſon frère !
Pour qui viens-tu former ces guirlandes de
    fleurs ?
Mais qu'as-tu donc ! Qui fait couler tes
    pleurs ?
Tu penſes, je le vois, à notre pauvre pere.

CHLOÉ.

Hélas ! Myrtil, ſon mal le tourmente ſi fort.
Il s'agite, il ſe frappe.

M Y R T I L.

Il appelle la mort,
Moi, qu'il ne vit jamais sans me sourire,
J'ai voulu l'embrasser ; ma sœur, dans son
délire,
Il m'a rejetté de ses bras.
Il ne me connoît plus : & sans ma mere,
hélas !
Je crois qu'il alloit me maudire.

C H L O É.

O Ciel ! Un si bon pere ! Il jouoit avec moi
Lorsque ce mal cruel vint attaquer sa vie.
J'étois sur ses genoux. D'une voix affoiblie,
Ma fille, me dit-il, ma fille, leve-toi.
Je me sens mal, très-mal. Une sueur sou-
daine
Couvrit son visage, il pâlit ;
Il me remit à terre, & foible, sans haleine,
Malgré tous mes secours, il eut bien de la
peine
A traîner ses pas vers son lit.

M ij

M Y R T I L.

Mon pere , hélas ! du mal qui te dévore ,
Te verrons-nous long-temps souffrir ?
A peine ai-je sept ans. Je suis bien jeune
encore.
Mais si tu meurs , je veux aussi mourir.

C H L O É.

Non , il ne mourra point , mon frere , je
t'assure.
Nos parens mille fois nous ont dit que les
Dieux
Aimoient les vœux d'une ame pure.
A Pan , Dieu des Bergers, je vais porter mes
vœux ;
Je lui porte ces fleurs. Oui , d'un regard
propice
Il verra son Autel embelli par ma main.
Et vois-tu là mon cher petit serin ?
Je veux encore au Dieu l'offrir en sacrifice.

M y r t i l.

Attends-moi donc , ma sœur , je reviens à
l'inftant :
Je vais des plus beaux fruits remplir ma
pannetiere ;
Et le petit lapin , que m'a donné ma mere ,
Je veux auffi l'immoler au Dieu Pan.

Il courut , & bientôt il revint auprès d'elle.
Tous deux alors en fe donnant la main ,
Tournent leurs pas vers le côteau pro-
chain.
Ils y trouvent le Dieu fous la voûte éternelle
D'un vafte & ténébreux fapin.
Là, s'étant profternés aux pieds de fa Statue,
Ils adreffent au Dieu leur priere ingénue.

C h l o é.

O Pan , nous t'implorons. Daigne nous fecourir.
Toi qui fais tout, tu fais que notre pere
Eft , depuis bien des jours , en danger de
mourir.

Je n'ai pas, Dieu puissant, de grands dons à
te faire.

Ces fleurs font tout mon bien, je viens te
les offrir.

Vois, à tes pieds, je pose ma guirlande.
J'aurois voulu, si j'eusse été plus grande,
En couronner ton front, en orner tes che-
veux ;

Mais je n'y puis atteindre. Accepte cette
offrande,

Et rends, Dieu des Bergers, rends mon pere
à nos vœux.

M Y R T I L.

Qu'avons-nous fait, hélas ! pour te dé-
plaire ?

Car, en frappant notre malheureux pere,
Je le vois bien, c'est nous que tu punis.
Pour t'appaiser, ô Pan, je t'apporte ces
fruits.

Laisse à nos vœux désarmer ta colere.
Tout ce que nous avons, nous le tenons
de toi.

Je t'aurois immolé ma chevre la plus belle ;
Mais elle est plus forte que moi.
Quand je serai plus grand, je t'en donne
ma foi,
Je t'en offrirai deux à la saison nouvelle.

C H L O É.

Tiens, voici mon Oiseau. Vois, pour me
consoler,
Les tendres amitiés qu'il s'empresse à me faire.
Sur mon cou, sur mon sein, regarde-le voler.
Eh bien ! je vais, .. je vais te l'immoler,
Pour que tu sauves notre pere.

M Y R T I L.

Tourne aussi tes regards sur mon petit lapin.
Vois, je l'appelle , il vient. Il croit qu'à
l'ordinaire,
Je voudrois lui donner à manger dans ma
main ;
Mais non , je vais te l'immoler soudain,
Pour que tu sauves notre pere.

Ses petits bras tremblans l'alloient déjà saisir.
 Sa sœur l'imitoit en silence,
Lorsqu'une voix : « Aux vœux de l'innocence,
 Les Dieux se laissent attendrir.
Non, ils n'exigent point ces cruels sacrifices.
Gardez, mes chers amis, ce qui fait vos
 délices ;
Votre pere n'est plus en danger de mourir ».

 La santé, dès ce jour, fut rendue à Pélage.
Sauvé par ses enfans, ce jour même avec eux,
Au Dieu conservateur, il courut rendre hom-
 mage.
Il vit ses petits-fils peupler son héritage,
Et de ses petits-fils vit encor les neveux.

Fin du premier Recueil.